W0389443

LA CRISE DES ANNÉES 30 EST DEVANT NOUS

collection tempus

François LENGLET

LA CRISE DES ANNÉES 30 EST DEVANT NOUS

Edition revue et augmentée

PERRIN
www.editions-perrin.fr

© Perrin, 2007 et 2008 pour la présente édition
ISBN : 978-2-262-02900-5

tempus est une collection des éditions Perrin.

A Sabine, Andréa, Jeanne, Fanny et Arthur

Introduction

Rarement crise financière aura été plus sérieuse que celle dans laquelle s'enfonce lentement l'économie mondiale, au fil des jours incertains de 2008 et de leur litanie d'indices à la baisse. Le vieux sage de la planète financière, Alan Greenspan, ancien patron de la Federal Reserve, a donné la mesure de l'inquiétude. Lui qui dissimule toujours sa pensée sous d'épaisses lunettes et des formules ambigües a été inhabituellement clair : nous sommes dans la crise la plus grave depuis la Guerre, écrivait-il dans le *Financial Times,* en mars 2008. Ce qui signifie que, parmi les dirigeants de l'économie mondiale et les maîtres de la finance, seule une infime minorité, la plus âgée, a connu des faits comparables. Pour tous les autres, l'enchaînement des événements qui vont se dérouler dans les deux années à venir sera sans précédent. Petit à petit, le camp du déni, largement majoritaire lors des premières secousses, à l'été 2007, se vide de ses partisans. Même Christine Lagarde, ministre de l'Economie, et Nicolas Sarkozy ont révisé à la baisse leur hypothèse de croissance pour l'année en cours. C'est dire si la réalité devient difficile à éviter. Le ralentissement mondial est à nos portes, il va assombrir 2008 et probablement encore 2009.

Pour autant, l'analyse de la conjoncture n'est pas suffisante pour comprendre ce phénomène inédit, pas plus que la recherche de ses causes immédiates, sur lesquelles se précipitent avec gourmandise les experts de la chose économique. Comme toujours, une crise financière n'est jamais que la conséquence de deuxième ordre de changements beaucoup plus profonds et durables, qui vont déterminer nos conditions d'existence dans les prochaines décennies. Car cette secousse, si elle est à l'évidence l'expression de déséquilibres, se lit aussi comme l'amorce d'une grande transformation, comme il ne s'en produit qu'une ou deux fois par siècle. Transformation dans la hiérarchie des puissances mondiales, avec le déplacement à l'Est du centre de gravité de la planète et l'intégration de la Chine dans les circuits de l'économie internationale.

Tournant dans l'idéologie mondiale ensuite, avec la remise en cause de plus en plus forte du libéralisme, ou à tout le moins de sa forme contemporaine, mal régulée, qui a produit une catastrophe que le marché lui-même ne pouvait résoudre, et qui a nécessité l'intervention massive et spectaculaire de la puissance publique. La prévalence de la finance et l'extraordinaire croissance de la sphère spéculative devraient connaître une sensible correction : on va désormais s'attacher à faire rentrer le génie dans sa bouteille. C'est l'attitude vis-à-vis du risque et de l'investissement, inhabituellement favorable depuis vingt ans, qui va se durcir.

Inflexion dans la mondialisation, enfin, à mesure que la morsure du ralentissement se fera plus profonde dans l'économie concrète, et déchaînera une demande politique de protection contre les grands vents planétaires qui seront accusés – ils le sont déjà – de déstabiliser les nations.

Le monde de demain devrait donc être sensiblement différent de celui auquel nous sommes habitués, au terme de ces retournements. La dernière fois que nous sommes passés par une transformation d'ampleur comparable, c'était dans les années 1930. Précisément dans les quinze années qui ont débuté avec le krach d'octobre 1929 et qui ont été clôturées par la conférence de Bretton-Woods, au sortir de la Deuxième Guerre mondiale, qui jetait les bases d'une nouvelle architecture pour l'économie internationale et allait permettre l'extraordinaire essor des « Trente Glorieuses ». Destruction et reconstruction, voici l'alternance fondamentale du capitalisme, et elle semble bien avoir débuté un nouveau cycle, au seuil du siècle. Tous les signes en sont là, pour qui veut bien les voir. Ils sont comme les ramures d'un arbre, liés entre eux par une parenté silencieuse. Un arbre qui grandit, dont l'observateur attentif peut déjà distinguer la silhouette dans les innombrables faits d'actualité économique qui remplissent les colonnes des journaux.

Surprises et subprimes

Nombre de commentateurs, toujours prompts à expliquer *a posteriori* ce qu'ils n'ont pas vu arriver, croient voir la raison de la crise dans la chute de l'immobilier américain. Et il est vrai que l'épicentre se trouve là. Le sismographe de Robert Shiller, professeur à l'université de Yale et l'un des économistes les plus influents au monde, mesure mois après mois l'abîme qui s'est ouvert outre-Atlantique : selon les chiffres qu'il a publiés fin avril 2008, le prix des maisons avait chuté de 13,6 % sur un an dans les dix principales villes américaines. Du jamais vu depuis les années 30. La baisse atteint même plus de 20 % en Floride ou sur la côte Ouest. Les ménages américains, qui s'étaient endettés pour acquérir leur logement, rencontrent des difficultés croissantes pour honorer leurs mensualités. Les moins solvables, les « subprimes » – ceux qui sont en dessous de la norme de revenu souhaitable pour emprunter sans risque – sont de plus en plus nombreux à ne pas régler leurs échéances. Le taux de défaut dépasse les 20 % sur certains segments. Après soixante jours de défaut, les ménages se voient expulser de leur logement qui est alors vendu à la casse. Ces ventes sur faillite ne font qu'aggraver la baisse des prix, qui elle-même accroît les difficultés des ménages, et donc le taux de défaut, et avec lui le nombre de logements vendus à vil prix… Le marché immobilier américain est entré dans une spirale dépressive.

Spirale d'autant plus inquiétante que les « subprimes » sont anormalement nombreux. En 2006 et jusqu'à l'été 2007, la production de crédits bancaires a été massivement orientée vers la clientèle la moins solvable, parce que les ménages susceptibles de s'endetter sans risque avaient déjà souscrit leurs emprunts. L'ensemble des prêteurs – banques, intermédiaires financiers et autres officines – se sont littéralement déchaînés, durant ces dix-huit mois, pour prêter au premier venu. Côté emprunteur, il n'y avait nul besoin de justifier de revenus et pas davantage de disposer d'un apport personnel. De plus, les remboursements étaient minorés durant les deux premières années du prêt… L'occasion semblait d'autant plus séduisante que le prix des logements n'avait cessé de grimper. Tout un chacun croyait ainsi pouvoir se constituer un patrimoine à bon compte. On estime que 500 000 foyers pourraient faire défaut chaque trimestre cette année, faute d'un plan gouvernemental de sauvetage qui tarde à se mettre en place.

Si les banques étaient aussi décontractées vis-à-vis de leurs clients, c'est que les financiers avaient trouvé une astuce qui leur garantissait, croyaient-ils, de gagner à tous les coups : la titrisation. Il s'agissait, une fois les prêts consentis, de les convertir en titres, cessibles sur les marchés financiers. La banque, après avoir « sélectionné » les emprunteurs, les mettait en relation avec des investisseurs en mal de rendement pour leur épargne. Et elle disparaissait, après avoir empoché les substantielles commissions dévolues à l'intermédiaire. Tout le monde était content : Mr Smith, Américain moyen, était propriétaire de son logement et pouvait espérer faire la culbute ; la banque voyait ses bénéfices gonflés par une production record de crédits immobiliers pour lesquels elle ne portait même pas les risques, grâce à la titrisation ; l'investisseur profitait de rendements élevés – c'est du moins ce qu'il croyait. Et il était d'autant plus rassuré que les titres qu'il achetait bénéficiaient de labels de qualité, décernés par les trois grandes agences de notation. Inutile de dire que les agences de notation étaient, elles aussi, très contentes de ce nouveau système, qui leur permettait d'empocher de gras honoraires pour leurs services.

Des services en réalité fort médiocres, comme on l'a compris dès le début 2007. Quelques mois après le retournement du marché immobilier, les défauts des emprunteurs « subprimes » commencent en effet à se manifester. Nombre d'entre eux disparaissent tout simplement et envoient par la poste la clé de leur logement à l'intermédiaire financier en lieu et place de remboursement… Comme ils n'ont pas mis un fifrelin dans leur achat, ils n'ont rien à perdre. La banque, qui avait cédé ses engagements, s'en moque au moins autant. L'agence de notation, qui s'est lamentablement trompée sur le risque et a touché ses commissions, n'est pas davantage concernée : c'est l'investisseur, le dernier de la chaîne, qui paiera.

Cuisines et interdépendances

Le seul problème, qui n'avait absolument pas été anticipé, est que ces fameux investisseurs étaient pour beaucoup les banques elles-mêmes, qui avaient racheté sur les marchés financiers leurs propres produits ou ceux des autres, tout aussi risqués, parce qu'elles avaient besoin de supports d'investissement rémunérateurs. La cuisine préparée par les Frankenstein de la finance a été mangée par les marmitons eux-mêmes… En rachetant ces titres, les banques ont ainsi récupéré le portage du risque dont elles s'étaient débarrassées. Un risque qui, comme on l'a vu, était largement inconsidéré. D'où les pertes de Citigroup et d'UBS (37 milliards de dollars sur deux trimestres pour cette banque suisse, la plus importante de la Confédération), celle des établissements financiers allemands et de vénérables maisons françaises comme la Société Générale. C'est tout le système financier mondial qui se trouve infecté par les subprimes, à cause de l'interconnexion de marchés financiers désormais mondialisés. En avril 2008, quelque 270 milliards de dollars de pertes liées aux subprimes ont été déclarés par les établissements financiers, dans le monde entier mais principalement aux Etats-Unis. Et le chapelet va s'égrener au fil de 2008, jusqu'à ce que les prix de l'immobilier se stabilisent – au vu des stocks de logements à vendre qui s'accumulent, il reste encore du chemin à parcourir. Les estimations les plus prudentes portent sur un montant de 400 milliards de dollars, au total. Le Fonds monétaire international évoque, lui, un coût total de près de 600 milliards, auxquels s'ajouteraient 350 milliards de pertes causées par d'autres crédits.

Ces pertes ont des effets dévastateurs. D'abord parce qu'elles amputent les fonds propres des banques. Les fonds propres conditionnent la capacité des établissements financiers à prêter, en vertu des règles prudentielles qui gouvernent le secteur. Les banques se trouvent donc contraintes de se recapitaliser, c'est-à-dire de faire appel aux actionnaires pour les renflouer. Ensuite, et c'est plus grave, personne ne connaît l'exacte exposition des banques à ces pertes potentielles. On craint qu'il n'y ait du subprime partout, comme un virus qui aurait contaminé un organisme, mais l'on ne sait pas exactement où il se loge. Du coup, les banques ne se font plus confiance entre elles. Alors que naguère, elles se prêtaient des milliards chaque jour sur un simple message électronique, elles sont désormais très réticentes, craignant d'être « plombées » par l'une de leurs homologues qui, victime de produits déficients, ne pourrait plus les rembourser. Signe de ce malaise, les taux d'intérêt du marché sont anormalement élevés, ce qui pénalise tous les acteurs de l'économie.

Troisième conséquence, toute la mécanique de titrisation a instantanément volé en éclats. Or, cette invention et son formidable développement – dans les dernières années, on a titrisé non seulement les crédits immobiliers, mais les crédits à la consommation et toutes sortes d'emprunts – était une source-clé de financement pour l'économie américaine, et donc mondiale. C'est en réalité tout un système financier parallèle qui a explosé en quelques semaines, à l'été 2007, lorsque la crise a éclaté, restreignant d'autant l'approvisionnement en liquidités. Ce système secondaire avait largement financé la forte croissance des années 2005 à 2007, aux Etats-Unis surtout. On estime que 60 % de la production de crédits provenaient de ces « banquiers de l'ombre ». Car, échappant en grande partie aux contrôles prudentiels habituels, ils avaient fait marcher la planche à billets à plein régime.

Ces trois conséquences débouchent sur un même fléau, le *credit crunch*, c'est-à-dire la raréfaction du crédit. La banque traditionnelle devenant plus méfiante, elle prête moins qu'auparavant. Les entreprises traditionnelles en sont victimes pour leurs projets d'investissement, surtout les PME, plus dépendantes du financement bancaire que les grandes entreprises, parce que leur profitabilité est moins élevée, en Europe particulièrement. Les fusions et les *leverage buy out*, les LBO, ces rachats d'entreprises financés à crédit, se trouvent plus difficiles à réaliser. Leur montant, qui avait atteint un record en 2006 – 3 000 milliards de dollars pour cette seule année, soit 10 % du PIB mondial ! – et début 2007, devrait chuter sensiblement en 2008. Nombre d'entre eux, qui avaient été initiés dans les derniers mois avant l'explosion de l'été 2007, ne trouvent plus à se financer à un prix acceptable. Et ces difficultés valent pour les entreprises comme pour les ménages, sur l'ensemble de la surface du globe – la mondialisation, si elle stimule la croissance dans les périodes fastes, a aussi quelques inconvénients en cas de retournement, car la mécanique de la crainte s'universalise.

La revanche du prêteur

Les marchés eux-mêmes sont moins enclins à prêter, si ce n'est aux emprunteurs de qualité irréprochable. Même les Etats sont victimes de la nouvelle prudence des investisseurs. L'Italie, qui traîne une très lourde dette publique, a ainsi vu ses conditions d'emprunt se durcir sensiblement pour la première fois depuis la création de l'euro. Les pays émergents, comme la Turquie, la Hongrie ou la Bulgarie, dont les déficits extérieurs problématiques avaient longtemps été ignorés par les investisseurs, sont aujourd'hui au bord d'une grave crise de financement, et se trouvent contraints de relever leurs taux d'intérêt pour éviter la fuite des capitaux alors que la conjoncture se retourne.

Or, moins d'argent dans l'économie, c'est moins de croissance le trimestre d'après, et moins de profits ensuite. Ce ne sont pas les liquidités qui manquent, mais la volonté de les investir : la « crise de liquidités » souvent évoquée par les commentateurs n'existe pas, il s'agit en réalité d'une crise de confiance. L'argent dort dans les banques, ou bien s'investit sur les dernières bulles spéculatives, les matières premières par exemple, au début 2008. Car tout risque d'investissement est désormais soupesé avec précaution : « Et s'il n'allait pas me rembourser ? » se demande désormais le prêteur qu'on sollicite. Question qui, dans une économie de marché, se traduit par un prix – le taux d'intérêt – plus élevé qu'auparavant.

La crise des subprimes a brutalement dégrisé un univers financier qui ne redoutait plus les aléas traditionnels des métiers de l'argent, enivré qu'il était par une longue période de croissance exceptionnelle. Un gigantesque mouvement de réappréciation du risque est à l'œuvre : le rapport de force, jusqu'ici dominé par l'emprunteur aux pieds duquel se jetaient les banques implorantes pour vendre leurs crédits, s'est inversé en faveur du prêteur. C'est lui qu'on vient désormais supplier, les genoux à terre.

Comme toute correction, ce mouvement de méfiance vis-à-vis du risque va d'abord être excessif, pendant quelques trimestres au moins. Et c'est là qu'interviennent les effets de la crise financière sur l'économie réelle. Effets d'autant plus préjudiciables qu'ils sont cumulatifs : moins d'argent dans l'économie, c'est moins de croissance, ce qui raréfie encore les liquidités disponibles pour l'investissement et la création d'emploi, etc.

Comme toujours, experts et commentateurs battent les buissons à la recherche des coupables. A qui la faute ? Les banques ont évidemment leur part de responsabilités. Protégeant leur bilan, elles se sont défaussé du risque lié aux crédits qu'elles consentaient en cédant leurs créances sur les marchés. « Innovation » réputée stimuler la croissance sans déséquilibres… Balivernes, semblables aux chimères de la « nouvelle économie » d'il y a dix ans, ou à celles de la « nouvelle ère » dans les années 1920. Balivernes toujours différentes et pourtant semblables au fil des siècles, qui dissimulent une vérité éternelle : lorsqu'un agent économique est assuré de ne pas subir les pertes auxquelles il s'expose, l'évaluation du risque est pervertie. Et la machine à faire des bêtises se met en marche. L'innovation financière, si elle permet de mieux gérer le risque, repousse d'autant les limites de la spéculation et de l'endettement. Double par nature, elle protège mieux et expose davantage en même temps.

Analystes financiers et agences de notation seront aussi mis en cause. Aussi myopes qu'à l'habitude – faut-il rappeler la liste de leurs erreurs, sur les marchés émergents en 1997, puis celui des actions internet –, ils accroissent la volatilité, en incitant à acheter à la hausse et à vendre lorsque les marchés se retournent. Les banques centrales, enfin, prendront leur part du fardeau, notamment la Federal Reserve qui a eu une politique monétaire très accommodante, en particulier en 2006, et ainsi relancé massivement la production de crédits aventureux. Et, pour faire bonne mesure, on peut encore incriminer les pays émergents, la Chine en particulier, dont l'épargne s'est massivement investie en bons du Trésor américains, ce qui a également fait croître les liquidités plus que de raison, c'est-à-dire versé de l'huile sur le feu de la spéculation.

Bienvenue dans les années 30

Pour autant, cet écheveau de responsabilités croisées ne permet pas de comprendre totalement les phénomènes qui se déroulent sous nos yeux. Ils ne livrent qu'une explication superficielle : le capitalisme moderne ne disposerait pas des régulations suffisantes, laissant la bride sur le cou aux agents économiques, banquiers, emprunteurs et investisseurs, qui sont eux-mêmes aiguillonnés par leur avidité insatiable. Selon cette thèse, il suffirait alors d'inventer de nouvelles règles pour borner l'appétit des acteurs, leur imposer la transparence et ainsi éviter les désagréments de la crise financière. Cette théorie n'est pas complètement fausse, mais elle est caricaturale. Parce que, comme le note l'économiste Marc de Scitivaux, on peut très bien soutenir que la crise provient au contraire d'un excès de régulation. Les trois agences de notation – oligopole de fait – n'appauvrissent-elles pas l'expertise financière, un élément-clé dans le fonctionnement des marchés ? La Chine n'a-t-elle pas maintenu son taux de change artificiellement bas pour préserver sa compétitivité extérieure, ce qui a accru son excédent d'épargne et les déséquilibres qu'il a généré ?

Réconcilions les deux approches en concluant que les règles de fonctionnement de l'économie mondiale sont inadaptées. Mais ce n'est pas davantage suffisant pour expliquer les problèmes que nous rencontrons depuis un an. Il n'y a toujours pas là de cause première. Si les règles deviennent inopérantes à un certain moment, c'est que quelque chose a changé, qui se trouve être à l'origine de la crise. Comme si, de loin en loin, l'organisation de l'économie devenait incompatible avec la réalité elle-même. Comme si, de loin en loin, une poussée de sève faisait craquer l'écorce du vieux monde.

C'est ici que la comparaison avec l'entre-deux-guerres est éclairante. La grande panne que connaît notre système contemporain est la réplique d'une autre, qui a saisi le monde après le krach de 1929 et surtout après l'extraordinaire exubérance des années 1920, en de nombreux points semblable à celle que nous vivons depuis une quinzaine d'années. « L'inégalité de revenus aux Etats-Unis est à son plus haut depuis la pire des années, 1929. Et dans tout le monde anglophone, ces disparités ont atteint des extrêmes que nous n'avions pas observées depuis *Gatsby le Magnifique* », observe John Plender, dans le *Financial Times* du 8 avril 2008. « Comme notre décennie, poursuit le journaliste, les années 1920 ont été une période de forte croissance des profits et d'envolée de l'endettement des ménages. Wall Street, noyé sous l'argent facile, a cédé à ce que l'économiste John Kenneth Galbraith allait décrire dans son œuvre fondamentale de l'époque, *Le Grand Krach*, comme la magie de la dette : l'augmentation des rendements financiers grâce à l'endettement. » Et Plender de noter une ressemblance étonnante avec la situation actuelle des marchés financiers.

A quelque soixante-dix années d'intervalle, notre capitalisme connaît des phases d'expansion inhabituelles très similaires, marquées toutes deux par une forte poussée technologique qui transforme complètement les modes de production et de consommation des produits, la relation au travail et le lien social. Dans les années 1920, c'est l'arrivée de l'électricité industrielle, qui provoque une forte concentration des entreprises et met à l'épreuve le modèle social paternaliste de naguère. C'est encore la diffusion de l'automobile qui révolutionne les villes, celle de la radio qui chamboule l'information et la vie politique des démocraties.

Trois quarts de siècle plus tard, l'internet aura exactement les mêmes effets.

Ces embellies du capitalisme s'accompagnent également d'une progression de la mondialisation : le commerce international connaît alors une vive accélération, tout comme les flux d'investissements industriels et financiers transfrontières et le nombre de migrants internationaux. Autre similitude, elles se traduisent aussi, dans les deux cas, par une forme de « laisser-faire » en matière de politique économique, à la fois sur le plan de la doctrine – celle du libéralisme – et dans les faits, où l'on voit la puissance publique reculer à peu près partout dans le monde.

Dans la plupart des pays, et en particulier aux Etats-Unis et au Royaume-Uni, à coup sûr les contrées les plus libérales, la distribution de revenus ne profite alors qu'aux individus les plus favorisés, comme le note le commentateur du *Financial Times* cité plus haut. L'environnement macro-économique est lui aussi étrangement similaire d'une période à l'autre : pas d'inflation, taux d'intérêt faible, et progression substantielle de la dette. Pour compléter le tableau, l'emploi est au plus haut ainsi que la croissance. Rappelons que les Etats-Unis et le Royaume-Uni ont vu leur PIB progresser de près de 50 % depuis quinze ans.

Mais ces périodes ne durent pas, comme si le libéralisme était en quelque sorte victime de lui-même, détruit par ses propres excès. Le retournement intervient alors, d'abord au plan financier, où les ajustements s'effectuent rapidement. Et il se propage rapidement au plan des valeurs et de l'organisation de la société. En 1929, la bascule s'était produite le 24 octobre lors du « Jeudi noir », déclenchement d'un krach boursier qui allait paralyser l'économie mondiale les années qui suivirent. Au XXIe siècle, elle s'est produite en août 2007.

A la veille du krach, le 8 août 2007, la finance triomphante jette ses derniers feux. Blackstone, un gigantesque fonds d'investissement américain, réussit alors la plus grosse levée d'argent investi dans les titres non cotés, près de 22 milliards de dollars. Personne ne voit que c'est la fin d'une époque. Le lendemain, une onde de panique parcourt les marchés financiers, propagée avec des rumeurs d'insolvabilité d'investisseurs qui auraient été pris à revers par la chute de l'immobilier aux Etats-Unis. Le 10 août, BNP Paribas annonce qu'elle suspend la cotation de trois de ses fonds investis dans les produits dérivés de l'immobilier, ne s'estimant plus capable de les valoriser, puisqu'il n'y a plus d'acheteurs. Cette annonce décuple la frayeur. Il se produit alors un autre record, qui témoigne de la spectaculaire inversion de la psychologie collective : les banques centrales injectent, sur deux jours, 330 milliards de dollars dans les circuits monétaires mondiaux, pour éviter la paralysie du système. C'est la plus importante injection de liquidités jamais réalisée.

L'inexorable retour du même

Après le krach de 1929, les erreurs de politique monétaire, l'incurie des gouvernements, le manque de coordination internationale des initiatives avaient plongé le monde dans une crise profonde, et avaient conduit la plupart des nations à se replier derrière leurs frontières. Cette crise qui surprend alors les meilleurs esprits et les désarme par sa violence a été aussi l'une des causes de la montée des totalitarismes en Europe, et finalement, de la guerre.

Aujourd'hui, jusqu'où sa réplique peut-elle nous porter ? Peut-on imaginer que nous, habitants du XXIe siècle, équipés de téléphones mobiles et parcourant la planète en avion ou sur internet, nous soyons repris par les démons de naguère, fermant nos frontières et stigmatisant l'étranger comme le responsable de nos maux, au point de déclencher une guerre commerciale, de remettre en cause les fondements du marché et de la démocratie, et, pour finir, de céder à la tentation du conflit armé ? On connaît la réponse que donne le sens commun à cette question : « Cette fois-ci, ce n'est pas pareil. » Notre inclination nous porte à voir des acquis irrévocables qui nous auraient affranchis des errances de nos prédécesseurs. Ainsi la mondialisation, réputée irréversible grâce à la facilité des transports et des communications d'aujourd'hui. Argument utilisé au seuil du XXe siècle par Jaurès lui-même, qui ne voulait pas croire à la guerre à cause de l'interdépendance croissante des économies, et dans les années 20, par ceux qui croyaient aussi qu'il n'y aurait pas d'inflexion. Jusqu'à ce qu'ils soient détrompés par la Première Guerre mondiale et, plus encore, par la crise des années 30, qui a vu une chute spectaculaire des échanges. Si la mondialisation n'est jamais acquise, c'est parce que son déterminant principal est la tolérance des sociétés à l'ouverture, éminemment variable, et non l'efficacité de tel ou tel mode de transport. Dans les périodes d'optimisme, les sociétés sont prêtes à s'ouvrir et à accepter un degré de risque individuel plus important. A l'inverse, lorsque la crise menace, elles se ferment et demandent davantage de protection, quels que soient leur niveau de développement et le nombre d'écrans plasma qui se trouvent dans leur maison.

Déjà, au printemps 2008, les signes se multiplient d'un spectaculaire virage idéologique. Ainsi Nicolas Sarkozy, début avril, lors de sa visite d'Etat au Royaume-Uni, fustigeait les dérives de la finance et le « capitalisme de la frivolité, du mensonge et de l'absence de transparence ». Certes, l'homme n'a jamais eu de convictions très solides en matière économique, et il est de surcroît français, donc hostile au libéralisme par culture. Descendons alors quelques centaines de kilomètres au sud, pour lire quelques extraits du dernier livre de l'économiste

Giulio Tremonti, naguère fort libéral inspirateur et ministre de Berlusconi, le leader de la droite italienne, qui dénonce, dans un ouvrage paru début 2008, « un monde à l'envers, où le superflu coûte moins que le nécessaire », par la faute de la « dictature du tout-marché », et appelle à commencer la « bataille contre la suprématie des marchés ». Des propos excessifs qui s'expliquent par la proximité d'échéances électorales ? Remontons alors au nord de l'Europe, chez le patron de la Deutsche Bank, Joseph Ackermann : « Je ne crois plus au pouvoir d'autoguérison des marchés », affirmait tout récemment ce banquier d'origine suisse, qu'on a connu plus clément pour un système qui a fait sa fortune personnelle à coup de bonus libellés en millions d'euros.

C'est en réalité l'ensemble des opinions mondiales qui basculent insensiblement dans un nouvel univers idéologique, à mesure que la crise révèle une vérité oubliée : les marchés peuvent parfois créer des désordres auxquels ils sont incapables de remédier seuls. Curieusement, ce sont les autorités des pays les plus libéraux, Etats-Unis et Royaume-Uni, qui ont pris le virage le plus rapidement. Et sans états d'âme. La banque britannique Northern Rock, victime d'une crise de confiance sans précédent, a ainsi été nationalisée à l'automne 2007, après que les retraits massifs l'eurent menacée de banqueroute, tandis que la banque d'investissement américaine Bear Stearns, quelques semaines plus tard, était sauvée par la Federal Reserve aidée de J. P. Morgan. Dans le même temps, le gouvernement américain mettait en place d'importants programmes publics pour préserver la croissance. Outre-Manche, la Banque d'Angleterre est intervenue début 2008 pour racheter plusieurs dizaines de milliards de livres sterling de mauvaises dettes liées à l'immobilier. Après un quart de siècle de confiance aveugle dans la « main invisible du marché », réputée agir au mieux pour le bien commun, c'est le retour de la main bien visible de l'intervention publique. Et nous n'en sommes qu'au début du commencement.

Jusqu'où cette révolution idéologique rétrograde peut-elle nous conduire ? La modernité ne nous protège de rien, ne change en rien notre condition fondamentale. Elle n'améliore en rien notre jugement, pas plus qu'elle ne l'obscurcit. Elle ne nous attribue ni handicap, ni avantage décisif dans ce combat perpétuel entre la liberté et l'autorité, entre le progrès et la régression. Si ce sont ces invariants qui font l'histoire – « il y a au moins quelque chose d'immuable, c'est l'homme », écrivait Machiavel –, il n'y a aucune raison pour croire que la découverte de la fibre optique interdit le retour des illusions qui ont aveuglé les générations nous ayant précédés. La modernité n'est-elle pas seulement l'écume des jours, qui laisse toujours percer le retour du même comme réapparaît un rocher à fleur d'eau ?

Oui, le repli national est possible, voire probable, même au temps des cargos qui transportent d'innombrables marchandises sur les mers du globe, des réseaux qui échangent instantanément images, voix et données. Surtout aujourd'hui, où la mondialisation a atteint un degré qui éprouve nos sociétés.

Toute période de crise entremêle dangers et espoirs. Pour comprendre les menaces qui assombrissent le futur et distinguer les germes du renouveau, la comparaison de nos années 2000 avec les années 30 est précieuse. Voir ce qui change dans ce qui ne change pas, et ce qui ne change pas dans ce qui change, selon la belle formule du philosophe François Ewald, telle est l'ambition de ce livre.

1

La finance : de la bulle au krach

L'âge d'or libéral

Pour comprendre l'environnement économique mondial de 2008, il faut revenir à la chute du mur de Berlin, le 9 novembre 1989. La ruine de ce rempart en béton sale entraîne l'effondrement de tous les régimes communistes européens, et avec eux disparaît l'antagonisme entre deux formes de société qui avait structuré l'organisation politique, militaire et économique de la planète depuis la fin de la Seconde Guerre mondiale. La chute du Mur, événement européen, a des conséquences planétaires. Politique, elle a aussi des prolongements économiques et financiers. Car elle signe la victoire de l'Ouest et de son capitalisme, celle du marché sur le plan, celle du libéralisme et de la liberté sur le communisme. La mondialisation telle que nous la connaissons prend son essor cette nuit-là à Berlin. Dans l'euphorie des perspectives politiques et économiques d'alors, un sociologue américain,

Francis Fukuyama, publie alors un livre aussi remarquable que mal compris, *La Fin de l'histoire et le dernier homme*, qui reprend et développe un article que Fukuyama avait publié durant l'été 1989 : deux forces font avancer l'histoire des hommes, la dynamique de la science et le désir de reconnaissance. Ces deux forces interagissent et s'enchevêtrent pour aboutir, à l'aube des années 90, à la victoire définitive de la démocratie libérale sur la dictature.

Francis Fukuyama anticipe de façon saisissante l'accélération de la mondialisation, il note « la création d'une culture universelle de la consommation fondée sur les principes économiques du libéralisme, aussi bien pour le tiers monde que pour l'Ancien ou le Nouveau. Le monde économique, productif et dynamique, engendré par la technologie avancée et par l'organisation rationnelle du travail, possède un énorme pouvoir d'homogénéisation et d'assimilation. Il est capable de relier physiquement des sociétés différentes à travers la planète entière par la création de marchés mondiaux, et de susciter des aspirations et des espérances économiques parallèles dans un grand nombre de sociétés différentes. Le pouvoir d'attraction de ce monde engendre une très forte prédisposition à la participation de toutes les sociétés humaines, résultat qui requiert l'adoption des principes du libéralisme économique : c'est la victoire finale du magnétoscope[1*] ».

---

* On trouvera les notes à la fin du livre, p. 155.

Ce livre étonnant, critiqué par des lecteurs peu philosophes qui avaient pris la prophétie au sens littéral et s'attendaient à ce que l'histoire s'interrompe, pointe admirablement le retournement à l'œuvre dans ces années-là. Avec l'amoindrissement du risque géopolitique, les budgets militaires des nations développées se dégonflent, libérant un capital qui peut s'investir dans la recherche et les technologies émergentes. La conversion subite d'une part importante de la planète au capitalisme ouvre aux entreprises des perspectives de marché nouvelles. L'essor des télécommunications et la baisse des coûts de transport permet aux entreprises de s'organiser aux dimensions de la planète, délocalisant ici, vendant là. La mondialisation de l'information et celle de la finance, évolutions jumelles parce qu'elles se nourrissent l'une de l'autre et s'appuient sur les mêmes technologies de transmission instantanée, imposent aux continents un rythme synchrone.

L'onde libérale née vingt ans auparavant aux Etats-Unis, qui jusqu'alors venait mourir au pied du Mur, se propage partout. Même le dernier grand pays à se dire communiste, la Chine populaire, rebaptise son système d'une dénomination singulière, l'« économie socialiste de marché », et accueille à bras ouverts les investisseurs occidentaux. En Europe, c'est l'apogée de la construction communautaire, sous l'égide du dernier des « pères fondateurs », Jacques Delors. Delors a amorcé peu auparavant une relance de l'Europe par l'Acte unique, ratifié en 1987, qui prévoit la construction d'un espace de libre circulation pour les marchandises, les capitaux et les hommes. Fondamentalement libérale, cette nouvelle avancée européenne vise à supprimer les frontières entre les nations et les particularismes qui entravent les échanges. Elle se renforce par l'arrivée des ex-pays communistes du Vieux Continent qui se pressent à Bruxelles pour adopter, avec le zèle des convertis de fraîche date, l'union et le marché. Le président de la Commission, avec l'appui de François Mitterrand et de Helmut Kohl, utilise la vague de libéralisme mondial pour moderniser le continent et raffermir les liens entre ses membres.

Dans tous les pays, l'Etat est obligé de composer avec ces forces montantes. La puissance publique, qui avait réorganisé la société et l'économie au sortir de la guerre, cède du terrain dans la plupart des domaines – certes davantage dans les pays anglo-saxons traditionnellement plus favorables à l'individu –, mais tous s'y mettent. Même la France, dont les fondations étatistes restent extrêmement solides : les politiques d'inspiration libérale sont conduites alternativement par le gouvernement Chirac, qui imite de façon brouillonne son homologue britannique Margaret Thatcher, et par les socialistes. Ceux-ci s'attellent à déréglementer le secteur bancaire, à supprimer le contrôle des prix, à réduire les droits de douane, à baisser les impôts, en particulier la TVA, qui passe de 33,3 % à 18,6 % pour les produits dits « de luxe ». La définition de ces biens est assez extensive, puisqu'elle englobe les voitures particulières, quelle que soit leur catégorie.

Au milieu des années 90 commence une période de prospérité tout à fait inhabituelle, la réplique presque exacte des années 20. Le parallélisme en matière boursière apparaît nettement par la comparaison des marchés financiers respectifs. De 1924 à octobre 1929, le Dow Jones, indice des valeurs new-yorkaises, voit son cours progresser de 400 %. Entre 1994 et 2000, il passe de 4 000 points à près de 12 000 points. L'indice du marché parisien, le CAC 40, bondit de 2 000 points, à près de 7 000 points sur la même période. L'économiste américain Robert J. Shiller établit la concordance dans un livre qu'il publie en 2000, *Irrational Exuberance*[2]. L'expression « exubérance irrationnelle » avait été utilisée par Alan Greenspan, le patron de la Federal Reserve, la Banque centrale américaine, qui avait qualifié ainsi l'état psychologique des investisseurs le 5 décembre 1996. Shiller montre que, sur une longue période, les indices boursiers mondiaux suivent peu ou prou la croissance de l'économie. Le rapport entre les cours et les bénéfices des entreprises cotées en Bourse, ou PER, est donc constant. L'économiste note que les indices s'écartent parfois temporairement de cette moyenne, avant de retrouver leur trajectoire habituelle. Le XXe siècle se caractérise par deux déformations spectaculaires, l'une dans les années 20, l'autre soixante-dix ans plus tard : les deux « bulles » spéculatives du siècle.

« Rugissantes » années 20

Le parallélisme dépasse la seule progression des Bourses, métaphore de deux révolutions, à la fois technologiques et libérales, qui encadrent le siècle[3]. Dans les deux cas, l'Amérique, le pays où naissent et se développent ces changements, connaît une prospérité inouïe. Jusqu'à la fin des années 20, en effet, pas un nuage ne semble contrarier la situation éblouissante que connaît le pays. Au mois d'août 1929, la production d'acier atteint son record absolu, tout comme le fret par chemin de fer. Quant à la Bourse, elle est aussi à son plus haut niveau historique. L'économie du pays est tirée par un flot d'innovations. L'automobile, tout d'abord. Cinq millions de voitures sont produites en 1929, un Américain sur cinq en possède une – la France ne connaîtra un même taux d'équipement que quarante ans plus tard. L'électricité, apprivoisée et lentement perfectionnée par cent cinquante ans de découvertes, diffuse largement ses avantages, les foyers s'équipant d'appareils ménagers et de postes de radio. Plus de six cents stations émettent en 1929. RCA, fabricant de récepteurs, déchaîne un engouement boursier et voit son cours multiplié par sept durant la seule année 1929, sans faire un seul dollar de bénéfice…

Le moteur électrique, désormais puissant et de taille réduite, provoque un bouleversement dans l'architecture des villes et les conditions d'existence des citadins en permettant de construire des immeubles équipés d'ascenseurs, il nourrit un boom de la construction, entraîne l'exode rural et le développement rapide de l'économie.

Ces nouvelles techniques s'accompagnent d'une révolution dans la consommation. On invente la publicité, la vente à crédit. Paul Claudel, alors ambassadeur de France à Washington – poste secondaire, à l'époque, par rapport aux ambassades d'Europe –, décrit cette « nouvelle pratique qui s'est généralisée partout en Amérique, des achats non plus comptant mais par *installments*, c'est-à-dire par amortissement graduel. Le résultat a été d'augmenter énormément les puissances d'achat du pays en ajoutant au capital actuel une avance sur le capital futur[4] ». L'écrivain-diplomate voit dans le capitalisme des années 20 « un état de choses où le producteur produit sans profit et l'acheteur sans besoin ».

La productivité de l'industrie augmente de moitié entre 1919 et 1927 – du jamais vu – en même temps qu'un mouvement sans précédent de fusions d'entreprises se fait jour, encouragé par le faible niveau des taux d'intérêt. Mutations technologiques, concentrations et baisse des prix s'associent pour le plus grand bonheur de l'actionnaire, qui exige désormais une croissance annuelle des profits à deux chiffres. Bertrand de Jouvenel, relatant son voyage aux Etats-Unis en 1929, remarque que les dépenses fédérales auraient pu être couvertes par les seules recettes de trois de ces nouveaux trusts[5]. La presse entretient l'appétit pour la spéculation et l'intérêt passionné pour l'économie. « Ce n'était de toutes parts que production grandissante, consommation grandissante, bénéfices grandissants. Ce n'était que bonnes nouvelles, qu'espoir et enthousiasme », raconte Jouvenel, qui poursuit, à propos de l'omniprésence des patrons dans les journaux : « L'optimisme était une sorte de religion dont le grand prêtre était le Milliardaire. Le Milliardaire était omniscient, omnipotent, sage, bienfaisant, le roi Salomon en somme. On ne sollicitait pas ses avis seulement en matière de finance, mais en matière de politique, d'art, de morale, de littérature, de philosophie. On ferait une encyclopédie en cinquante volumes des opinions émises par les milliardaires sur l'éducation des enfants, le rôle social de la peinture, sur la façon d'écrire un livre, sur la manière de se comporter vis-à-vis de sa femme, sur tous les sujets – et qui ont figuré en première page des journaux ou ont été recueillies en livres ! »

A Wall Street, les investisseurs étrangers déversent leurs capitaux, car les Etats-Unis, pays de la plus forte croissance, leur semblent détenir un leadership technologique indépassable. Quant aux Américains, ils sont possédés par la Bourse : « En vain, les banquiers, le grand nombre d'agents de change et la plupart des chefs d'entreprise ont-ils essayé de faire entendre la voix du bon sens », écrit Claudel dans l'un de ses télégrammes adressés au ministère des Affaires étrangères français, « toutes les barrières ont été emportées, et l'orgie de spéculation et de paris sur l'accroissement indéfini et accéléré de la richesse du pays continue plus fort que jamais. D'énormes fortunes ont été réalisées et l'immense majorité des spéculateurs a reçu, en échange de ses *green backs*, le plus précieux des biens, s'il n'est aussi le plus court, l'espérance ».

Dans cette effervescence du milieu des affaires se développe alors une étrange théorie : l'Amérique est entrée dans la « Nouvelle Economie », ou la « Nouvelle Ere ». Théorie développée notamment par un universitaire de Yale, Irving Fisher, héraut de ces nouvelles idées, et diffusée par un journaliste économique, fondateur d'un organe de presse, Barron. La disparition de l'inflation, les innovations technologiques, la forte concurrence, la mondialisation et le libre-échange qui progresse, autant de phénomènes qui devront constituer le socle d'une prospérité éternelle. Le discours est largement repris par les boursiers, qui y voient la confirmation de leurs observations et l'espoir de gains aussi infinis que la croissance. « C'en est apparemment fini des crises économiques cycliques telles que nous les avons connues », pérore ainsi le patron du Stock Exchange, Simmons, à la veille du krach. Irving Fisher lui-même déclare à l'automne 1929 : « Les cours des actions ont atteint une sorte de haut plateau permanent. » Quant à Herbert Hoover, président des Etats-Unis, il est encore plus définitif : « Aujourd'hui, nous autres, en Amérique, sommes plus près de la victoire finale sur la pauvreté qu'aucun autre pays ne l'a jamais été dans l'histoire. »

On connaît la suite. Entre le 24 et le 29 octobre 1929, le Dow Jones perd d'un coup le tiers de sa valeur, avant de chuter au point de déclencher une récession qui amputera la production mondiale d'un tiers. C'est à la mi-septembre que se font sentir les premiers tremblements, qui s'amplifient peu à peu sous l'effet des dégagements des *investment trusts*, fonds d'investissement qui avaient emprunté pour investir sur les marchés et se nourrir à la corne d'abondance. Ces trusts avaient contracté auprès des banques une dette équivalente à une année de budget fédéral… Leur faillite fragilise le système bancaire qui ne peut plus recouvrer ses créances. Une mécanique fatale se déclenche. Les banques suspendent leur concours aux entreprises et rapatrient les fonds substantiels qu'elles avaient prêtés à l'Europe, tout particulièrement à l'Allemagne vaincue et étranglée par les réparations. L'économie mondiale des années 20 s'appuyait sur un double transfert transatlantique : de l'argent à long terme américain finançait la reconstruction européenne, tandis que l'argent court d'Europe et du monde entier venait brûler à Wall Street. Les deux courants s'interrompent brutalement.

Devant la catastrophe imminente, la Fed, prise à contre-pied, tente d'irriguer l'économie exsangue. Trop tard. L'argent reste inemployé dans les coffres et les faillites se multiplient. Selon les statistiques officielles, la production industrielle américaine de juillet 1932 n'atteint que 46 % de celle de juin 1929. Durant ces trois années, la production d'acier et d'automobiles est divisée par six, plus d'un quart des ouvriers de l'industrie est congédié dans les deux ans qui suivent le krach. Jouvenel témoigne : « Plus de quatre millions et demi de familles ont fait appel, en 1932, aux maigres secours de la Croix-Rouge. Un sixième de la population américaine a faim et froid. Lits de camp installés dans des baraquements interminables que quelques poêles de fonte tentent de réchauffer, amas de pains qu'une duègne de bienfaisance garde hargneusement, ces produits du système D rappellent les pires hôpitaux provisoires du temps de guerre », raconte-t-il. Les prix agricoles s'effondrent. En 1931, les revenus déclarés par les ménages américains pèsent pour 13,2 milliards de dollars, soit moins de la moitié du niveau de 1928, où il atteignait 25,2 milliards ! En trois ans, les recettes des chemins de fer sont divisées par deux, les banques ferment : 158 établissements font faillite en août 1931, 305 en septembre, 522 en octobre. Pour faire face aux vagues de retrait, celles qui survivent gardent liquides leurs avoirs et refusent d'investir dans l'économie. Les prix baissent de façon spectaculaire parce que l'argent n'est plus utilisé. Les taux de crédit tombent jusqu'à 0,09 % fin décembre 1932. Le montant des dépôts bancaires chute de 25 %, et leur vitesse de circulation diminue des deux tiers[6].

Le gouvernement ne prend pas du tout la mesure de l'importance de la crise. Début 1930, le secrétaire d'Etat au Trésor, Mellon, annonce : « Les affaires reprendront au printemps. » Tout le monde se trompe de diagnostic, attribuant la crise à une surproduction momentanée. En réalité, la chute produit des effets cumulatifs, se nourrissant d'eux-mêmes, c'est la déflation. Et rien n'y fait. En mars 1933, Roosevelt prend la succession de Hoover. Tournant décisif : dès le lendemain de son entrée en fonction, il fait fermer toutes les banques du pays pour parer à la menace d'un *run* généralisé et met en place une politique interventionniste très agressive. Pour soutenir les cours agricoles, l'administration réduit les surfaces cultivées, indemnise les agriculteurs et achète massivement la production (jusqu'à 5 millions de porcs en 1933, rapporte Bertrand de Jouvenel). Le 19 avril 1933, Roosevelt abandonne l'étalon-or, provoquant une forte dévaluation du dollar. Il crée une nouvelle administration, le Conseil du relèvement économique national, destiné à coordonner les actions publiques, dotant l'Amérique du « premier code d'économie dirigée qu'une nation capitaliste se soit jamais donné », selon les propres termes du nouveau président, avec le National Industrial Recovery Act. Y figurent des dispositions qui amendent sensiblement la légende dorée du capitalisme en y introduisant protections et régulations substantielles.

Sous l'effet de ce *New Deal* et de la dévaluation, l'Amérique se redresse. L'indice boursier américain ne retrouvera pourtant sa valeur d'octobre 1929 que dans les années cinquante. Quant à Irving Fisher, après ses errements, il deviendra l'un des économistes les plus clairvoyants sur la crise des années 30, et exposera le mécanisme de la *debt deflation*, la déflation par la dette, théorie que l'on pourrait bientôt redécouvrir.

L'économie « Boucle d'or »

Il y a entre nos années 1990-2000 et les années 20 d'étranges similitudes : les innovations se diffusent largement, l'économie s'emballe et les esprits s'échauffent. De 1994 à 2000, la production de l'économie américaine croît de 32 %, tirée elle aussi par plusieurs facteurs qui s'entremêlent – bénéfices de la mondialisation et nouvelles technologies de l'information. La mise en réseau des ordinateurs, jusque-là très laborieuse, trouve son essor avec la diffusion des protocoles Internet, inventés et utilisés par la communauté scientifique mondiale pour échanger. Les Etats-Unis connaissent un régime exceptionnel où forte croissance et chômage faible se conjuguent avec une très faible inflation. Cette conjoncture étonne les spécialistes, car elle contredit les canons habituels de la macro-économie. En principe, la baisse du chômage sous le seuil du NAIRU – *Non Accelerating Inflation Rate of Unemployment* – déclenche mécaniquement une hausse des salaires et des prix qui nécessite alors l'intervention de la Banque centrale, obligée de « refroidir » l'économie. Rien de tel à l'époque, et le NAIRU est remisé avec les vieilleries. Pour désigner cet étrange équilibre, les commentateurs inventent une nouvelle expression : *Goldilocks economy*. Antoine Mérieux, financier français en poste à l'ambassade aux Etats-Unis à la fin des années 90 la décrit comme « une économie à la température quasi idéale, ni trop chaude, ni trop froide, comme la soupe mangée par Boucle d'or dans la maison des ours. L'inflation est contenue malgré une situation de plein emploi ». Le Français signale également le « dynamisme des entreprises américaines qui accumulent pour l'avenir des gains de productivité en investissant beaucoup et en n'hésitant pas à délocaliser en dehors des Etats-Unis une partie de leur activité ».

Parallèlement, le faible niveau des taux d'intérêt déclenche une vague de fusions d'entreprises sans précédent (jusqu'aux records de 2007), exactement comme dans les années 20, notamment des fusions transatlantiques, réalisées par des entreprises européennes qui achètent leurs homologues américaines alors que les cours sont au plus haut. C'est ainsi que Jean-Marie Messier, patron de Vivendi, acquiert les studios Universal, et que l'allemand DaimlerBenz s'offre Chrysler, troisième constructeur automobile du pays, avec le résultat catastrophique que l'on sait.

La forte hausse de la productivité du travail, elle aussi inhabituelle, divise les spécialistes de l'économie. Beaucoup y voient l'influence bénéfique des nouvelles technologies de l'information. Jusqu'alors, prévalait le paradoxe de Robert Solow : « L'informatique est partout, sauf dans les statistiques de productivité. » L'économiste américain s'étonnait qu'une invention aussi largement diffusée n'ait pas dopé l'efficacité des entreprises dans les années 80. Et voici que les chiffres semblent enfin décoller, comme s'il avait fallu une génération pour apprendre à utiliser l'innovation. Comme si la communication entre terminaux, facilitée par l'Internet, avait libéré le potentiel de ces machines capricieuses.

De nouvelles mesures, dégagées de l'optimisme de l'époque, montrent que la productivité variait en réalité sensiblement d'un secteur à l'autre. Celui des nouvelles technologies, lui-même en pointe, tirait la moyenne. Un expert en la matière, Robert Gordon, établira plus tard que la productivité du secteur manufacturier comparée à celle des décennies précédentes, a même ralenti à la fin des années 90 !

Il n'en fallait pourtant pas davantage pour déclencher l'effervescence boursière autour des valeurs high-tech. D'autant qu'Alan Greenspan, le banquier central révéré par Wall Street, multipliait les commentaires sibyllins. « Si vous avez compris ce que j'ai dit, c'est que je me suis mal exprimé », avait-il coutume de dire. La société Internet Yahoo, créée en mars 1995, est introduite en Bourse le 12 avril 1996, dans la fièvre. Amazon, le premier libraire en ligne, inventé par Jeff Bezos, suit le même chemin, ainsi que des dizaines d'autres qui voient leur cours propulsé au sommet du Nasdaq, le marché des titres de sociétés innovantes. Les chauffeurs de taxi installent dans leur véhicule de petits écrans sur lesquels s'affichent les cotations en continu, à l'intention de leurs clients. D'innombrables livres paraissent les uns après les autres, comme *Dow 100 000*, paru en septembre 1999, célébrant la hausse perpétuelle. La Bourse a ses prophètes qui répandent leurs oracles haussiers dans les colonnes des journaux. Abby Joseph Cohen, de la banque d'investissement Goldman Sachs, a anticipé la formidable conjoncture boursière plus tôt que la plupart de ses homologues. Petite dame apparemment modeste – et néanmoins richissime grâce aux bonus princiers rémunérant ses services –, elle fait elle-même ses courses avec son cabas et le moindre de ses propos fait bondir les indices. Mary Meaker (Morgan Stanley), la « reine de l'Internet », et Henry Blodget (Merril Lynch) sont également fort écoutés, surtout lorsqu'ils expliquent qu'une entreprise n'a plus besoin de faire des bénéfices. La réalité dépasse les prévisions les plus délirantes : le 15 décembre, le titre Amazon cote 243 dollars, et Blodget pronostique le franchissement du seuil des 400 dollars dans les douze mois. Trois semaines plus tard, ce sera fait.

Au même moment sont échafaudées des théories sur la « nouvelle économie » très proches de celles des années 20 et largement reprises par la presse économique, qui ne se montre guère plus rigoureuse que les analystes financiers. L'hebdomadaire *Business Week*, dirigé par Stephen B. Shepard, se montre aussi imprudent dans ses analyses que Barron soixante-dix ans auparavant : « Le cycle économique a véritablement changé, et cela pourrait permettre davantage de croissance sans inflation », écrit Shepard le 17 novembre 1997 dans un numéro spécial de l'hebdomadaire consacré à la nouvelle économie. La hausse forcenée des cours boursiers ? « Des millions de décisions individuelles, prises quotidiennement, donnent la meilleure mesure de ce qu'il se passe réellement dans l'économie », répond le nouvel économiste. « Mettez un ordinateur portable sur chaque bureau, reliez les appareils entre eux, et plus besoin de tant de managers », conseille-t-il, emporté par l'enthousiasme.

Rares étaient alors les esprits lucides. L'auteur de ce livre se remémore toutefois une longue conversation, en juin 1999, à Claremont, en Californie, avec Peter Drucker, expert en management et fin observateur du siècle. « Rien ne peut justifier la progression des actions que nous avons connue. Je n'y vois pas d'autre explication que l'afflux considérable d'argent en provenance de l'étranger, disait-il. Si vous étiez un vieux renard comme moi, vous sauriez que c'est le plus sûr moyen de perdre sa chemise[7]. » En 1929, jeune journaliste, Drucker avait consacré son tout premier article à applaudir à la hausse perpétuelle des actions, une semaine avant l'effondrement. Depuis, il était vacciné. A quatre-vingts ans, Drucker pronostiquait l'effacement prochain des « technologistes » au profit des éditeurs de contenu, et l'apparition d'autres techniques qui allaient reléguer l'information au second plan car, selon lui, « notre boum Internet est minuscule, comparé à ceux qui l'ont précédé ».

2000-2002, vrai ou faux krach ?

Drucker avait vu juste. A la mi-2000 débute une forte baisse des valeurs technologiques cotées sur le Nasdaq. C'est le krach Internet. L'indice se dégonfle violemment, passant de 5 048 points en mars 2000 à 1 950 points en décembre 2001. La baisse contraint les investisseurs les plus exposés au retournement à dénouer leurs positions en vendant davantage, ce qui accélère la baisse des prix et accroît les pertes, selon la mécanique de piège décrite par Irving Fisher soixante ans plus tôt : « Chaque dollar remboursé augmente la dette. »

C'est le sort final de toutes les bulles spéculatives, de celle qui a soufflé le prix des bulbes de tulipes aux Pays-Bas au XVIIe siècle jusqu'à celle de l'Internet. Le secteur des nouvelles technologies connaît de nombreuses faillites, celui du capital-risque qui avait financé les start-up, est lui aussi affecté. Peu à peu, l'ensemble de l'économie est touché, ce qui produira une brève récession juste après l'élection de George W. Bush en 2001 et une légère remontée du chômage.

L'onde de choc boursière se propage en Europe. L'indice des valeurs de Paris, le CAC 40, qui cotait près de 7 000 points à son plus haut, début 2000, voit sa valeur divisée par plus de deux, tout comme l'indice Dax de Francfort. Les entreprises de technologie, notamment les opérateurs de téléphone, qui avaient multiplié les acquisitions à prix d'or, se trouvent au bord de la faillite, plombées par les dettes énormes qu'elles avaient accumulées. Ainsi France-Télécom, qui avait signé la plus grosse acquisition jamais faite en France, déboursant plus de 40 milliards d'euros pour acquérir le britannique Orange en 2000. Quelques mois plus tard, l'ex-monopole français est sur le flanc, et son patron, Michel Bon, débarqué au profit de Thierry Breton. Vodaphone, britannique et leader mondial du mobile, affichera le record de pertes en Europe : plus de 20 milliards d'euros en 2002. L'économie européenne passe près de la récession.

Le krach boursier dissipe évidemment l'enthousiasme excessif qui s'était porté sur les nouvelles technologies de l'information. Deux événements interviennent peu après, qui ébranleront encore davantage la foi dans le système capitaliste. Les attentats du 11 septembre 2001 d'abord, qui font près de trois mille victimes à New York et à Washington. Cet événement, apparemment sans lien avec l'économie, est pourtant causé aussi par la mondialisation et le ressentiment qu'elle suscite dans les populations qui en sont exclues. Il révèle brutalement la face sombre du libéralisme, celle des inégalités. Il vise une cible économique : le cœur du capitalisme mondialisé. Et il dissipe une illusion : celle de la progression inexorable de l'économie de marché et de la démocratie. Le monde réalise à cette occasion qu'il subsiste des réfractaires, de plus en plus déterminés dans leur lutte contre l'Occident, qui peuvent mettre en danger le système. Le 11 septembre est le miroir du 9 novembre 1989, son double inversé. La chute du Mur avait marqué la disparition du risque géopolitique et la « fin de l'Histoire » ; les attentats de New York marquent leur retour, révélant la haine que les extrémistes islamistes nourrissent à l'encontre de l'Occident. Après les attentats, Wall Street, pour la première fois depuis le krach de 1929, ferme plusieurs jours. A la reprise des transactions, de nombreux hommes politiques américains sont présents sur le *floor* pour entendre la cloche annoncer le début de la séance : l'Amérique défend sa civilisation et sa Bourse, ses valeurs morales et ses valeurs financières, qui ensemble constituaient la cible des auteurs de l'attentat.

Quelques mois plus tard éclate l'affaire Enron. Ce courtier texan en énergie avait délibérément falsifié ses comptes pour doper son cours de Bourse et enrichir ses dirigeants, avec la complicité de ses commissaires aux comptes appartenant au cabinet Arthur Andersen. Enron s'effondre à la Bourse, l'entreprise est rapidement liquidée, ses dirigeants sont emprisonnés. Arthur Andersen ne survit pas davantage, malgré les efforts d'Aldo Cardoso, patron du bureau parisien, appelé au secours pour restaurer la crédibilité de l'entreprise mondiale. Cardoso publiera en 2003 *L'Anarchie libérale*, où il raconte son expérience et s'interroge avec une lucidité teintée de pessimisme sur l'éthique, la transparence et les règles du capitalisme financier contemporain. Si elle n'a pas tué, l'affaire Enron a porté au capitalisme un coup plus rude que celui du 11 Septembre. Face aux attentats, on pouvait faire front contre un ennemi extérieur. Les malversations des dirigeants texans démontrent que l'ennemi est aussi à l'intérieur : le système, tout bardé de règles, de codes de conduite et de vérifications qu'il est, a permis à certains de s'enrichir en trompant les investisseurs sur la réalité de l'entreprise. Les experts du Fonds monétaire international, largement américains, ne manquaient jamais de pointer avec mépris la corruption et le manque de transparence des économies émergentes. Or, voici qu'ils apparaissent en Amérique même !

L'affaire jette le doute sur toutes les entreprises cotées. Disent-elles la vérité ? Les dirigeants, intéressés personnellement à la progression des cours boursiers, n'auraient-ils pas manœuvré pour profiter de l'engouement pour les marchés financiers ? Deux mots reviennent sans cesse dans les pages économiques des journaux américains de l'époque : *greed*, la cupidité, et *ethics*. Partout on redoute d'autres affaires Enron, les rumeurs les plus folles circulent sur les catastrophes possibles, dues à cette immorale économie-casino qui avait été célébrée tout au long de la décennie précédente. Immédiatement, le Congrès américain met en chantier de nouvelles réglementations sur les obligations des entreprises cotées – loi Sarbanes-Oxley –, tandis que les commissaires aux comptes passent sous la tutelle d'un organisme chargé de contrôler leur éthique.

En mai 2000, le krach Internet a fait redescendre sur terre la « Nouvelle Economie ». En septembre 2001, la destruction du World Trade Center a mis fin aux rêves de paix et de capitalisme universels. Dans les premiers mois de 2002, l'affaire Enron a lézardé la confiance au cœur même de l'économie-monde : Wall Street. Ces trois événements sonnent la fin des douze années d'or commencées à Berlin, et auraient pu entraîner une spirale dépressive où se seraient conjuguées chute des valeurs, méfiance généralisée et baisse de l'activité. Et pourtant, rien ne se passe. Rien de grave, en tout cas. Le Dow Jones, indice principal des valeurs américaines, se tasse, puis rebondit aux alentours des 10 000 points. La croissance connaît une courte inflexion, comme le chômage, qui remonte temporairement. Mais l'Amérique continue sa course. Dès 2003, l'activité repart pour gagner en puissance au cours des années qui suivent. En apparence, rien de commun avec les troubles consécutifs au « Jeudi noir » d'octobre 1929. A l'époque, un enchaînement fatal propage l'onde de crise sur la planète et jette le monde dans la guerre. Soixante-dix ans plus tard, le dégonflement de la bulle ne se traduira que par une correction classiquement cyclique, avec son lot habituel de faillites et de pertes boursières. Les banques qui, dans l'entre-deux-guerres, avaient transmis la crise financière à l'ensemble de l'économie, sont en pleine santé. Comment expliquer cette différence, alors que les périodes de spéculation semblent souvent identiques, que l'endettement des ménages et des entreprises atteint des niveaux comparables ? Il y avait à l'époque deux interptétations possibles.

La première, optimiste, repose sur l'expérience acquise par le précédent des années 30. Avant la guerre, les réponses macro-économiques furent désastreuses. Erreur majeure, la Federal Reserve, Banque centrale américaine, ne baisse pas ses taux d'intérêt suffisamment vite pour traiter la crise.

Elle aggrave le mal, rendant l'argent encore plus rare et précipitant les faillites d'établissements financiers. De leur côté, les autorités politiques décident de mesures protectionnistes qui vont peu à peu asphyxier l'activité. Quant aux gouvernements européens, ils réagissent dans le désordre, chacun mettant en œuvre des politiques préjudiciables aux autres. La dévaluation britannique de 1931, par exemple, va faire voler en éclats l'union monétaire fraîchement reconstituée, relancer la crise et déchaîner la mésentente sur le Continent. « A l'époque, les différents responsables économiques européens ne se connaissaient pas, comment auraient-ils pu élaborer une politique concertée ? Ils ne pouvaient même pas communiquer, ne maîtrisant pas la langue des autres », expliquait Peter Drucker lors de notre entretien. Drucker sera envoyé par les autorités autrichiennes comme émissaire dans les différentes capitales, pour tenter de trouver un langage commun dans cette Babel qu'est l'Europe d'avant guerre. En vain.

En 2000, c'est Alan Greenspan qui est à la manœuvre à la Fed. Il abaisse immédiatement les taux d'intérêt lorsque s'annonce le krach et les porte jusqu'à 0 % en termes réels, compte tenu de la hausse des prix, pour préserver la liquidité du système financier et éviter ainsi les faillites en chaîne qui avaient plongé l'Amérique dans la déflation lorsqu'il était enfant. La toute jeune Banque centrale européenne, présidée par un Néerlandais grand amateur de whisky, Wim Duisenberg, lui emboîtera le pas en 2002. Au Japon, l'Institut d'émission a déjà porté ses taux d'intérêt à 0 %, car il lutte depuis des années contre la déflation causée par la bulle immobilière des années 80. Les trois principales banques inondent donc la planète d'argent bon marché, sinon gratuit. Cet événement sans précédent permet de préserver la confiance des agents économiques. Les leçons de l'histoire auraient ainsi joué, tout comme la crédibilité acquise par Greenspan au cours de ses quelque vingt années de mandat.

Reste la seconde explication, plus inquiétante qui s'avère être avec le recul, la bonne. Dans ce scénario, la correction brutale n'est pas évitée, elle est différée. La politique de Greenspan et de ses homologues, si elle a permis d'éviter la panique lors des trois chocs de 2000-2002, a remonté le ressort de la crise d'après, beaucoup plus difficile à désamorcer. Nous étions, selon cette hypothèse, dans un entre-deux-krachs entre 2002 et 2007, comme il y a eu un entre-deux-guerres. L'immense afflux d'argent qui s'est lentement diffusé dans l'économie-monde avait de nouveau fait perdre la tête aux hommes, entraînés par l'illusion de profits sans fin. Certes, le marché des actions ne semblait pas surévalué. Le Dow Jones ne cotait qu'un peu plus de sa valeur de 2000. Stabilité apparente qui dissimulait une correction réelle puisque, dans l'intervalle, les profits des entreprises avaient fortement augmenté. Le rapport cours/bénéfice, ou *Price Earning Ratio* (PER), principale mesure de la surévaluation, était donc à un niveau plus proche de la moyenne de longue période établie par Robert Shiller.

Mais l'argent, tel le mercure qui file entre les lames du parquet, n'était pas pour autant sous contrôle. Les taux d'intérêt américains, japonais et européens restaient faibles, et le déficit extérieur des Etats-Unis – plus de 800 milliards de dollars par an – déversait par tombereaux les *green backs* dans le système financier mondial. Selon les calculs de l'hebdomadaire *The Economist* du 14 septembre 2006, la masse de dollars en circulation progressait alors de 18 % par an – un rythme jamais observé. Les pays émergents eux-mêmes alimentaient la pompe, la Chine en particulier, en sous-évaluant leurs devises par des taux d'intérêt artificiellement bas. D'autres bulles spéculatives sont donc apparues : les matières premières, qui ont vu leur cours exploser dans les années récentes ; le pétrole, dont l'envolée s'explique largement par la spéculation ; les marchés boursiers émergents, dont l'indice a progressé de 250 % depuis 2003 (à elle seule, la Chine avait vu les cours de Shanghai multipliés par près de trois durant les dix-huit mois précédant le mini-krach du printemps 2007) ; le prix des entreprises, qui faisaient l'objet d'enchères vigoureuses de la part des fonds d'investissement, alors que le montant des fusions/acquisitions avait dépassé, en 2006 et 2007, les records de 2000-2001 ; et, bien évidemment, l'immobilier.

La bulle du siècle

Sur une longue période, les prix moyens de l'immobilier évoluent au rythme de la croissance, comme les prix de la Bourse. Sur une échelle de cinq ou dix ans, ils ne sont pas moins volatils que ceux de la Bourse, contrairement à une idée reçue chez les pères de famille. Certes, l'ajustement des prix est plus lent que celui des titres, parce que le marché est moins liquide. Mais les variations sont de même ampleur. L'immobilier est sujet aux bulles exactement comme les autres actifs financiers. Or, les prix mondiaux ont connu une ascension très forte dans les dernières années. Selon l'hebdomadaire britannique *The Economist* du 7 décembre 2006, la valeur d'un logement a progressé, entre 1997 et 2006, de 100 % aux Etats-Unis, 127 % en France, 192 % au Royaume-Uni, 252 % en Irlande et 327 % en Afrique du Sud… C'est une bulle quasi mondiale qui s'est formée, plus ou moins forte selon les localisations, à cause du faible niveau des taux d'intérêt. Seuls le Japon et Hongkong connaissent des évolutions négatives pendant cette période de dix ans : – 32 % dans l'archipel et – 44 % pour la province méridionale chinoise. Pour ces pays qui ont connu tous deux des bulles spéculatives dans les années 80 et 90, l'ampleur de la chute sur une période aussi longue donne la mesure de la « punition » infligée par le marché pour corriger un tel excès.

Or, l'immobilier joue un rôle essentiel, même dans nos économies du XXIe siècle, pourtant réputées tournées vers les services et les technologies. D'abord parce que la construction de logements et de bâtiments profite à de nombreux secteurs. Ensuite parce que l'« effet de richesse » est l'un des principaux déterminants de la consommation des ménages. Dès lors que la valeur de leur habitation progresse, les ménages, moins soucieux pour l'avenir, fréquentent les centres commerciaux, même si leurs revenus n'augmentent que faiblement.

L'immobilier agit en accélérateur ou en inhibiteur de croissance selon qu'il est en phase ascendante ou descendante. L'influence du secteur sur l'ensemble de l'économie est encore accrue aux Etats-Unis, où une facilité d'emprunt est offerte aux ménages dès lors que le prix de leur bien a augmenté. Les banques américaines consentent en effet des crédits gagés sur les propriétés immobilières, même lorsque celles-ci ne sont pas payées intégralement, pourvu que le marché de l'immobilier soit orienté à la hausse. Ces crédits, utilisés à l'achat de véhicules ou à tout autre projet, ont été un moteur essentiel de la croissance américaine ces dernières années. Il explique comment et pourquoi les constructeurs de voitures de Detroit ont profité aussi de la bulle immobilière : les taux d'intérêt étaient faibles, le marché immobilier progressait, et avec lui les facilités d'endettement consenties aux ménages qui achètent des voitures à crédit.

Précisons que l'« effet de richesse » œuvre dans les deux sens. Lorsque l'immobilier chute, il déprime la consommation et la croissance, comme on l'a vu récemment au Japon, à Hongkong et en Allemagne, parce que les ménages ont le sentiment de s'être appauvris, surtout s'ils se sont endettés pour l'acquisition de leur résidence. Là encore, le lien est plus fort aux Etats-Unis qu'ailleurs, à cause de ces crédits rechargeables assortis d'une garantie immobilière. Les ménages y connaissent aujourd'hui un taux d'endettement sans précédent, bien plus élevé que celui des années 20, approchant les 140 % du revenu annuel. Dès la fin 2006, les prix de l'immobilier avaient commencé à chuter dans nombre de grandes villes américaines. Une chute attestée par les variations mensuelles de l'indice de Robert Shiller, pour Standard and Poors. Mais à la veille du krach de l'été 2007, la plupart des commentateurs, à l'instar d'un Irving Fisher avant 1929, assuraient que le risque financier ne constituait plus une menace aussi grave. Les nouvelles technologies, nous disaient-ils, avaient permis de disséminer le risque, puisque les emprunts des ménages américains étaient « revendus » par les banques sur les marchés financiers internationaux, après avoir été fractionnés en petites parcelles sous forme de titres. Les acquéreurs de ces titres, qui pouvaient être indiens, britanniques ou patagons, avaient en principe un portefeuille diversifié qui leur permettait d'éponger les pertes si M. Smith et sa famille, leur lointaine contrepartie, vendaient à perte leur résidence d'Austin, Texas, sans pouvoir rembourser leurs emprunts. Dans les années 30, au contraire, le risque était justement concentré dans les banques qui, victimes d'impayés énormes, avaient été contraintes de suspendre leur concours aux entreprises pour « se refaire » et avaient du même coup paralysé l'économie. Prêteur et emprunteur ne sont plus solidaires, et c'est tant mieux, nous expliquaient les Fisher des temps modernes.

Le « Bear » n'est jamais sûr

La thèse était évidemment discutable, et elle a été quelque peu contestée par la réalité elle-même. Et cela pour deux raisons. Tout d'abord, la possibilité offerte aux établissements financiers de transférer à d'autres le risque lié à leurs engagements les libérait de la vigilance nécessaire que doit observer le prêteur lorsqu'il consent ses fonds. Lorsque les banques s'exposent à un risque durable, elles veillent avec soin à la solvabilité de l'emprunteur. Dès lors que l'engagement est cessible sur les marchés financiers, la tentation est grande de multiplier les crédits pour encaisser les commissions tout en relâchant son attention. La fonction essentielle de la banque dans l'économie de marché – évaluer le risque économique d'un projet individuel ou d'entreprise – se trouve alors pervertie.

Cela a été un facteur d'instabilité essentiel dans la crise financière actuelle, notamment en 2006 et 2007, où la machine à prêter s'est emballée, avec la complicité de tous les acteurs : les banques évidemment, les autorités de régulation (la Federal Reserve, qui en principe surveille le secteur financier), les agences de notation, et bien évidemment les emprunteurs eux-mêmes. Nombre d'entre eux n'avaient pas même d'apport personnel pour acquérir un logement, et spéculaient sur la hausse perpétuelle des prix pour se constituer un patrimoine. L'occasion était d'autant plus tentante qu'on leur consentait des prêts dits « 2-28 ». Pendant deux années, les échéances mensuelles de ces prêts étaient très faibles, mais grimpaient considérablement pour les vingt-huit suivantes. Personne n'avait pris garde à cet inconvénient, car les emprunteurs imaginaient revendre avant deux ans, avec une belle plus-value. Lorsque les « reset » se sont déclenchés, au terme de ces deux années de grâce, les mensualités ont brutalement augmenté de 50 à 200 %, suivant les contrats. Les victimes se sont trouvées alors prises dans un terrible ciseau : le coût mensuel de leur logement augmentait et dévorait leur budget, tandis que sa valeur de marché perdait chaque mois davantage… Et ce désagrément concerne encore plusieurs centaines de milliers de ménages américains. Il n'est guère étonnant que nombre d'entre eux choisissent la faillite personnelle, abandonnant logement et remboursements d'un même mouvement.

L'autre erreur de la quasi-totalité des analystes était difficile à éviter. Car contre toute attente, les banques elles-mêmes ont racheté sur les marchés les produits titrisés suspects qu'elles avaient fabriqués, ou ceux de leurs consœurs. D'un certain côté, ces investissements désastreux prouvent leur bonne foi : si elles ont racheté ces titres, c'est qu'elles étaient convaincues de leur solidité. Mais ils montrent aussi la méconnaissance profonde qu'elles avaient des lois les plus élémentaires de l'économie. Au plus haut de la bulle du crédit, l'échauffement des esprits était tel que même les banques considéraient que le risque n'existait plus. D'où les pertes records de Merril Lynch et autres UBS, qui se sont trouvées victimes de la mécanique qu'elles avaient elles-mêmes créée. Début 2008, ces pertes dépassent 250 milliards de dollars. Selon une estimation du Fonds monétaire international publiée en avril 2088, elles devraient s'élever au total à 565 milliards pour les « subprimes », auxquels s'ajoutent 400 milliards supplémentaires causés par les défauts de paiement sur d'autres crédits, immobilier commercial et crédit à la consommation.

Soit près de 1 000 milliards de dollars de dégâts. Et encore ne s'agit-il que d'une estimation. Le coût véritable n'apparaîtra que dans quelques années, lorsque les établissements auront nettoyé leurs tiroirs. Et il variera en fonction de la chute des prix de l'immobilier. En effet, si la valeur des logements continue à dégringoler, comme c'est le plus probable – d'après Robert Shiller, l'économiste le plus au fait de ces questions, la chute pourrait atteindre 30 % –, le nombre de ménages insolvables va augmenter, et avec lui les pertes pour le système bancaire, les compagnies d'assurance et autres investisseurs qui ont acheté ces titres. Ce sont deux gigantesques bulles spéculatives qui sont en train de se dégonfler, la bulle de l'immobilier et celle du crédit. Leurs points de vulnérabilité étaient plus nombreux aux Etats-Unis, mais il s'agit en réalité de bulles mondiales.

La menace qui pointe aujourd'hui est celle d'une crise systémique, qui verrait les banques stopper tout concours au système financier et à l'économie, à cause des pertes qu'elles ont enregistrées. Il en résulterait une thrombose économique – c'est exactement ce qui s'est passé dans les années trente, à partir de la faillite retentissante du Kreditanstalt en 1931. Depuis le mois d'août 2007, les taux d'intérêt du marché de l'argent se sont inhabituellement tendus. Et s'il n'y avait pas eu les injections massives de liquidités de part et d'autre de l'Atlantique – plusieurs centaines de milliards de dollars – pour apaiser les souffrances des banques qui ne trouvaient pas à se financer, nous serions en situation de paralysie.

Ce qui fait la différence avec l'entre-deux-guerres, c'est la prompte réaction des banques centrales, qui se sont concertées pour éviter la panique des intervenants sur les marchés. Le sauvetage de la banque d'affaires Bear Stearns, effectué le 14 mars 2008 par J.P. Morgan sous la tutelle de la Federal Reserve, a ainsi frappé les esprits : on ne laissera pas une banque faire faillite, à cause des risques considérables de contagion que cela occasionnerait. Bear Stearns avait été, deux jours auparavant, victime de l'effondrement d'une autre société, une filiale du groupe Carlyle, elle-même plombée par des titres de crédit liés à l'immobilier. Si Bear était tombée, c'est Wall Street en entier qui s'effondrait, à cause des liens croisés entre grandes banques d'affaires.

Immoral sauvetage

Dans l'entre-deux-guerres, on avait laissé plonger les établissements bancaires en difficulté, pour punir les spéculateurs et « assainir » l'économie. On imaginait que la croissance n'en redémarrerait que plus fortement. Le résultat a bien sûr été catastrophique, avec un effet dominos qui a mis à bas la plupart des pays du monde. Instruites de ce terrible précédent, les autorités d'aujourd'hui ont un biais rigoureusement inverse. Il est désormais hors de question de laisser tomber une banque en difficulté, et tout est mis en œuvre pour éviter les dépôts de bilan en cascade, y compris la nationalisation. En sauvant le système bancaire, on sauve pourtant aussi les spéculateurs inconséquents, qui sont à l'origine de nos difficultés, et c'est l'inconvénient de l'option des autorités actuelles. Les économistes appellent cet effet pervers l'« aléa moral » : les fauteurs de troubles sont incités à recommencer, car ils ne subissent pas de pertes significatives. Ce problème, pour mineur qu'il puisse apparaître, est en réalité crucial. Et l'on peut soutenir que la crise de 2007-2008 a été aggravée par la bienveillance avec laquelle on a traité le système financier en 2001, après l'explosion de la bulle Internet.

Ce biais en faveur des spéculateurs suffira t-il pour autant à éviter l'apoplexie ? « Nous n'avons pas touché le fond », estimait le financier George Soros à la mi-avril. Et la plupart des analystes sérieux étaient sur la même ligne. Le propre des mouvements de panique, c'est qu'ils sont réfractaires à toute analyse rationnelle. On ne peut donc rien exclure. D'autant que se profilent de nouvelles difficultés, causées par l'asymétrie des politiques monétaires de part et d'autre de l'Atlantique. Ben Bernanke, le patron de la Fed, diminue massivement ses taux d'intérêt pour renflouer les banques, tandis que son homologue Jean-Claude Trichet, qui préside aux destinées de l'euro, se montrait, début 2008, beaucoup plus réticent à le faire. Le dollar chute donc, parce qu'il est moins bien rémunéré que la devise européenne. Jusqu'où ? Un krach sur le dollar n'a rien d'impensable, dans une conjoncture aussi mauvaise pour l'Amérique. De plus, le vif retour de l'inflation borne la marge de manœuvre pour soutenir davantage l'économie, pour les banques centrales du monde entier : à trop baisser les taux d'intérêt, elles prendraient le risque de faire grimper les prix.

Si le tableau est indécis côté finance, il est en revanche plus lisible du côté de la conjoncture réelle : l'Amérique est très probablement entrée en récession fin 2007-début 2008. Une récession déclenchée par l'excès d'endettement des ménages, et non des entreprises comme d'habitude. Endettement auquel s'ajoute l'« effet de richesse négatif », causé par la dévalorisation du patrimoine immobilier. Auquel s'ajoute encore l'effet de la hausse du prix du pétrole, qui n'est même pas atténué par un change favorable comme en Europe. Auquel s'ajoutent enfin la remontée du chômage et les conséquences du « credit crunch », la raréfaction des prêts bancaires... Mr Smith n'a guère le moral, ces temps-ci. La séquence qui s'ouvre est donc parfaitement prévisible : chute de la consommation, des profits, des investissements et des cours boursiers, dans un environnement financier qui restera très craintif

Punition à la nippone

Cette récession pourrait être beaucoup plus importante que les deux précédentes, intervenues en 1991 et 2001-2002. Le montant des dettes à purger est sans précédent – jamais dans l'histoire les ménages n'ont eu à porter un endettement moyen de près d'un an et demi de revenu. La concomitance d'un tel stock de dettes à résorber et d'un système bancaire aussi mal en point est également sans précédent, sinon il y a soixante-dix ans. Alors, de quel ordre sera le ralentissement ? Stephen Roach, l'un des dirigeants de Morgan Stanley Asie, en a donné une mesure intéressante lors du forum de Davos, fin janvier. La consommation des ménages pesait, dans les dernières années, 72 % du PIB américain, alors qu'elle n'en représentait que 67 % entre 1975 et 2000. Cette embardée par rapport à la moyenne de long terme a généré l'extraordinaire déficit extérieur américain des dernières années et l'envolée de la dette des ménages. Elle a été également à l'origine d'une croissance tout à fait inhabituelle pour les Etats-Unis et, plus largement, pour la planète entière qui vendait à la vorace Amérique. Selon l'économiste, la consommation devrait retrouver son lit habituel, pour diminuer donc de quelques points de PIB. Ce qui signifie une sérieuse récession si la purge est rapide, ou une croissance très faible si la correction s'étale sur plusieurs années. Ce deuxième scénario, assez vraisemblable, serait voisin de celui que connaît le Japon depuis vingt ans. La bulle boursière et immobilière japonaise avait en effet éclaté en 1989, mais l'économie nippone ne s'en est toujours pas remise. L'indice boursier, qui valait 40 000 yens en décembre 1989, cote à peine plus de 13 000 aujourd'hui ! De maigres reprises tirées par les exportations alternent avec des périodes de croissance faiblarde, la demande intérieure n'étant jamais durablement repartie, principalement à cause de la chute des prix immobiliers. Et cela malgré des taux d'intérêt calés à zéro depuis plusieurs années. Au printemps 2008, si le risque d'une crise systématique s'est affaibli grâce à la prompte intervention des banques centrales américaine, européenne et britannique, une autre difficulté se profile pour les établissements financiers. Une récession américaine déclenche toujours son lot habituel de faillites d'entreprise, qui pèse évidemment sur les comptes des banques. « Le système financier a pris des mesures pour restaurer les bilans », note ainsi le financier Mohamed El-Rian, qui dirige la société Pimco, « mais il s'agit pour l'essentiel de traiter les conséquences d'un endettement excessif et d'une alchimie financière imprudente. La détérioration de l'économie réelle pourrait maintenant déclencher une nouvelle vague de faillites qui, cette fois, pourrait avoir un impact aussi sur les banques de taille plus modeste. Il est trop tôt pour sonner la fin de la crise qui s'est déclarée l'été dernier [...]. La bonne nouvelle, c'est que la crise évolue maintenant dans une zone où les instruments traditionnels de la politique monétaire sont plus efficaces. [...]. Mais il y a aussi de mauvaises nouvelles. La sérieuse correction de l'économie américaine interviendra alors que se manifestent des pressions inflationnistes continues et mondiales ». Et le financier de conclure que la « Fed » pourrait se trouver, si elle était contrainte d'abaisser à nouveau ses taux d'intérêt, dans la situation désagréable de saper sa propre crédibilité dans la lutte contre l'inflation, alors qu'elle tenterait d'éviter que la récession ne s'approfondisse.

En 2008, l'Amérique se trouve donc très exposée, à cause de son excès d'endettement et de la crise immobilière, à un choc violent sur l'économie réelle qui lui-même éprouvera à nouveau le système financier. Ce choc sera le point final d'un cycle haussier où sont entremêlées forte croissance, libéralisation et poussée technologique, trois éléments qui ont libéré, comme toujours dans l'histoire de nos sociétés, les forces de la spéculation – celles de la nature humaine elle-même, moutonnière et aveuglée par le court terme – jusqu'au krach.

Le blues de Mr Smith

Dans quelle mesure cette dépression américaine peut-elle affecter la planète ? Le petit monde des économistes, après avoir superbement ignoré les signaux avant-coureurs de la crise financière, a produit une nouvelle théorie de circonstance parfaitement saugrenue, celle du « découplage ». En clair, chaque zone de la planète aurait sa météorologie économique régionale, ce qui permettrait aux pays émergents de résister à la crise et de tirer l'Occident vers le haut. Cette théorie n'a évidemment aucun sens, et le seul fait qu'elle soit répétée à satiété par le plus grand nombre doit conduire à la plus grande des prudences. Il faut du reste noter que ce sont les mêmes qui célèbrent les bénéfices de la mondialisation, au mépris de la cohérence intellectuelle la plus élémentaire : soit chaque zone a son autonomie et, partant, sa conjoncture, soit la mondialisation s'impose à tous, avec ses embellies et ses tempêtes qui deviennent mondiales. Et c'est bien évidemment la deuxième hypothèse qui est la bonne : la conjoncture mondiale est désormais assez synchrone. Pour plusieurs raisons.

D'abord, le poids relatif de l'Amérique sur la planète est plus important encore aujourd'hui qu'hier, contrairement à une idée reçue. Le Pib américain ne représente qu'un tiers de la production mondiale, mais il compte bien davantage en termes de croissance et surtout de stimulation de la demande mondiale. Le fameux déficit extérieur américain, qui atteint plusieurs centaines de milliards de dollars annuels, témoigne d'une importante demande adressée aux autres pays. Cette demande émane évidemment de notre Mr Smith, le consommateur américain moyen, qui, s'il n'a pas vu ses revenus augmenter dans les années récentes, a néanmoins beaucoup consommé grâce à la progression de son endettement.

Mr Smith, confiant dans l'avenir grâce à la progression du prix de son logement, s'endette davantage et consomme en achetant des produits fabriqués par M. Li, Chinois qui investit dans des machines-outils que lui vend Herr Schmidt, industriel allemand – voilà la mécanique de la croissance inhabituelle de la planète de 2004 à 2007. Mécanique éminemment fragile, car elle reposait sur la dette du consommateur américain, elle-même assise sur la bulle immobilière. La bulle a éclaté, la mécanique s'est détraquée, les contreparties chinoises et allemandes vont immanquablement en sentir le contrecoup, ainsi que leurs partenaires régionaux, en Asie et en Europe. La réduction du déficit extérieur des Etats-Unis, spectaculaire dans les derniers mois, matérialise la contraction de la demande adressée au monde par M. Smith. Elle va se poursuivre, et la croissance de la planète s'en ressentira.

C'est précisément la mondialisation qui a rendu les différentes zones interdépendantes. Les exportations de la Chine pèsent pour 45 % de son Pib aujourd'hui, alors qu'elles n'en représentaient que 37 % il y a moins de dix ans. C'est dire si elle est plus exposée à un ralentissement planétaire qu'alors. Et cela vaut pour la plupart des pays émergents, en particulier ceux qui exportent des matières premières, dont le cours a fortement progressé les dernières années, et qui ont largement contribué à les sortir de l'ornière.

La mondialisation de l'information joue également son rôle, car elle fait résonner la moindre nouvelle aux quatre coins de la planète, uniformisant le comportement des acteurs. Phénomène déjà identifié dans les années 30 par Auguste Detœuf, patron de Thomson-Houston, qui y voyait l'une des raisons de la panique boursière de 1929 et de la crise qui l'a suivie : « Grâce au développement des informations, aux journaux, à la TSF, à la facilité des transports, tous les hommes sont informés à peu près de la même façon. Ils croient tous en même temps à la prospérité, c'est-à-dire à la hausse des prix, à la sécurité des investissements, à la hausse des titres, à la valeur du crédit, et tous en même temps ils croient au marasme, à la baisse des prix, au danger des placements ; ils ont tous ensemble l'effroi du crédit[8]. » L'extraordinaire extension des moyens de communication électronique n'a fait qu'amplifier cette tendance à l'uniformisation des opinions et des comportements. Tendance paradoxale, car on aurait pu croire, avec le foisonnement d'émetteurs nouveaux qu'a permis Internet, que la diversité des points de vue serait plus grande que naguère, lorsque les médias traditionnels étaient en position de monopole. Il n'en est rien, bien au contraire : plus le nombre d'opinions exprimées est important, plus celles-ci se ressemblent. Comme si les courants d'information, désormais mondiaux, emportaient toute résistance sur leur passage.

Un tsunami en « Chinamérique »

L'autre point de vulnérabilité financière se situe à quelques milliers de kilomètres de l'Amérique, sur la rive chinoise du Pacifique. En apparence, les risques chinois semblent bien éloignés de ceux que nous venons d'évoquer. En réalité, ils sont intimement liés. Car le destin du Texan Mr Smith, ses perspectives de salaire et la valeur de sa résidence dépendent étroitement de M. Li, Shanghaïen moyen qui habite l'une des cinq mille tours nouvellement construites dans cette mégapole de vingt millions d'habitants.

Depuis une quinzaine d'années, les relations économiques entre les deux pays se sont extraordinairement développées, au-delà même de ce que souhaitait l'administration américaine. Sur le plan commercial d'abord, où la Chine inonde les Etats-Unis de produits au point de dégager le plus gros excédent bilatéral du monde, – plus de 200 milliards de dollars. Les flux de commerce nécessitent de telles capacités de transport qu'ils ont relancé la construction navale mondiale, notamment en Corée où l'on fabrique des navires dont le pont pourrait contenir huit terrains de football. Les échanges entre les deux pays, naguère soumis au renouvellement annuel de la « clause de la nation la plus favorisée » par l'administration présidentielle, sont aujourd'hui tirés par l'organisation des firmes américaines elles-mêmes, qui ont délocalisé là-bas leur production pour profiter des coûts salariaux chinois, extrêmement compétitifs, et, indirectement, de la sous-évaluation du yuan. La chaîne de supermarchés Wal-Mart par exemple, l'une des plus grandes entreprises du pays, s'approvisionne largement en Chine de façon à offrir dans ses rayons les prix les plus bas. L'irruption des produits chinois et la pression qu'ils exercent sur la concurrence expliquait d'ailleurs la faible hausse des prix jusqu'en 2007, inhabituelle en temps de croissance.

Les excédents commerciaux chinois alimentent les réserves de devises de la Banque de Chine, l'institut d'émission, qui dépassent aujourd'hui les 1 300 milliards de dollars. Et ces sommes gigantesques, retraversant l'océan, sont largement réinvesties aux Etats-Unis, ce qui finance en partie l'énorme déficit extérieur américain. La banque chinoise achète en effet des bons du Trésor de Washington, l'un des placements les plus sûrs au monde. Ces achats massifs de titres ont financé l'économie, soutenu le dollar et ont fait pression à la baisse sur les taux d'intérêt américains pendant les années folles. Cette baisse a incité les ménages yankees à s'endetter, entraînant la hausse du prix de l'immobilier, déclenchant un effet de richesse positif et stimulant la consommation. Et lorsque les ménages américains consomment, ils achètent chinois, alimentant les caisses de la Banque de Chine.

S'est établi un cycle dans lequel l'argent faisait des allers-retours à travers le Pacifique et entretenait la croissance des deux pays : voilà la turbine de l'économie mondiale jusqu'en 2007. Ce moteur entraîne également le Japon et l'Allemagne, les plus gros exportateurs de la planète, qui profitent de solides implantations sur les marchés de « Chinamérique » et en diffusent les bénéfices chez leurs propres partenaires commerciaux locaux, en Asie pour l'un et en Europe pour l'autre.

C'est dans cet écheveau d'interdépendances sino-américaines que pourrait se produire une rupture économique et financière majeure. Tout accident intervenant sur l'une des rives du Pacifique peut se transmettre immédiatement en face, par une sorte de tsunami financier. Que l'Amérique trébuche, et les exportations et la croissance chinoises en pâtissent sévèrement. Que la Chine ralentisse alors, et c'est l'irrigation du système financier américain qui est compromise, révélant les dettes.

Or, si les risques d'accident sont avérés aux Etats-Unis, ils ne sont pas moins manifestes en Chine. La bulle spéculative y est d'une tout autre nature. Les entreprises du monde entier, hypnotisées par le « marché du siècle » et les très faibles coûts de production, y ont multiplié les investissements. La Chine est aujourd'hui l'un des premiers destinataires de l'investissement direct international. Ces flux importants – plus de 60 milliards de dollars sur l'année 2006 et un peu moins en 2007 – et les revenus substantiels de l'exportation ont déclenché une croissance à deux chiffres qui se maintient depuis une quinzaine d'années. Jamais un pays n'a connu une telle accélération dans l'histoire. Même nos « Trente Glorieuses » ne soutiennent pas la comparaison. Les bénéfices de cette expansion assureront à la Chine, à long terme, une place dans l'économie mondiale à la mesure de son poids démographique prépondérant. Le niveau de vie des Chinois urbains a connu une formidable progression en moins d'une génération. La physionomie des villes est transformée, l'industrie du pays, après avoir débuté avec le textile et le jouet, se développe à grande vitesse dans l'automobile, les télécoms et demain dans les biotechnologies ou l'énergie.

Comme toute forte croissance, l'envolée chinoise s'est pourtant accompagnée d'une bien médiocre allocation des ressources, pour utiliser le langage des économistes. Dès lors que l'argent est trop abondant, il est mal utilisé. Le taux d'investissement chinois varie selon les années entre 30 et 40 % du PIB. A ces niveaux, le gaspillage est important et inévitable. En principe, ce sont les banques qui départagent les bons projets et ceux qu'il faut refuser. Mais le climat euphorique d'une croissance qui semble sans limites modifie quelque peu l'appréciation des paramètres. Tout comme le *guanxi*, le piston à la chinoise, qui détermine bien souvent le destin d'un dossier de crédit au détriment des critères proprement financiers ou des perspectives de bénéfices, pour les entreprises industrielles d'Etat souvent en bien médiocre condition. Selon les statistiques officielles, les créances douteuses, c'est-à-dire les dettes bancaires qui n'ont que peu de chances d'être recouvrées, pèseraient pour 30 % du PIB chinois. Mais les banquiers étrangers les évaluent plutôt entre 40 et 50 % de ce même PIB, ce qui peut mettre en péril les établissements bancaires lorsque la conjoncture sera moins dynamique.

Pour se représenter l'avenir de la Chine, il suffit d'avoir un peu de mémoire et de se rappeler la toute fraîche crise asiatique de 1997-1998. A l'époque, les « dragons » du Sud-Est asiatique, ces nouveaux pays industrialisés qu'étaient la Corée du Sud, Hongkong, la Thaïlande, la Malaisie, l'Indonésie et Singapour, ont connu un coup d'arrêt violent dû à une spéculation échevelée qui s'est brutalement retournée. La frénésie s'était portée, comme toujours, sur l'immobilier et les Bourses, qui attiraient les capitaux du monde entier. L'auteur de ce livre se remémore une réunion du Fonds monétaire international à Hongkong, à l'automne 1997, où les responsables officiels et les Français en poste multipliaient les prévisions enthousiastes pour la région, au mépris des signes de surchauffe qui crevaient les yeux. En quelques semaines, la plupart des devises asiatiques se sont effondrées, provoquant une crise bancaire majeure – la plupart des emprunts de la zone étaient libellés en dollars – et une violente contraction de l'économie qui a nécessité des concours financiers internationaux importants. La Chine est restée largement protégée de la crise, grâce au contrôle des changes qu'elle avait maintenu, et parce que son développement n'était pas tel qu'il ait suscité autant de déséquilibres que chez ses voisins. Mais dix ans plus tard, ces déséquilibres se sont aggravés. Voilà le choix qui s'offrira à la Chine pour purger les excès du surinvestissement : une punition brutale et douloureuse, ou un châtiment moins sévère mais beaucoup plus durable.

Il y a une dizaine d'années, un économiste, Christopher Rathke, a fait une curieuse observation. Dès que l'on construit le building le plus haut du monde, disait-il, un krach se produit peu après. Sous son aspect fantaisiste, la théorie est intéressante. Le désir d'édifier un bâtiment qui défie le ciel est à coup sûr un signe de mégalomanie euphorique, l'une des manifestations ultimes de la spéculation et du surinvestissement. Le krach de 1929 a coïncidé avec la construction de l'Empire State Building, à New York, qui détenait le record mondial. Celui de 1987 suit de près l'inauguration des tours jumelles du World Trade Center. Signe des temps, les records s'enchaînent désormais de l'autre côté du monde. En Asie en 1997, les tours Petronas, les plus élevées du monde, ont été terminées quelques semaines seulement avant le déclenchement de la tornade boursière et monétaire qui annonçait la crise asiatique. Ces tours ont perdu récemment leur titre mondial au profit d'un gratte-ciel de cent un étages. Il se trouve à Taipei, sur l'île chinoise de Taiwan.

Ajoutons enfin que la révolution industrielle chinoise transforme complètement le profil social du pays, et que cette mutation peut augmenter les effets d'une crise internationale où la Chine serait impliquée. Rappelons la thèse intéressante, sur la crise des années 30, que l'on doit à Isaac Johsua[9]. Cet économiste explique la profondeur et la durée de la dépression par l'industrialisation accélérée que connaissent alors les Etats-Unis. Avant le XXe siècle, alors que la majorité de la population active américaine était employée aux champs, une crise économique pouvait être en partie compensée par l'autoconsommation alimentaire des ménages. Les agriculteurs ayant la possibilité de vivre en quasi-autarcie, les mécanismes de propagation de la récession manquaient de puissance. Tout a basculé avec l'invention de l'entreprise capitaliste moderne et l'extension du salariat, forme d'organisation induite par l'industrialisation dans les années 20. Dans ces conditions, un choc économique se propageait facilement, favorisé par les licenciements massifs et la perte de revenu consécutive. Lorsque les salaires représentent une fraction importante du revenu national, leur « flexibilité à la baisse » crée un risque systémique considérable, car « le bond en avant des sociétés et du salariat a rendu caduques les anciennes façons d'amortir l'ampleur des fluctuations économiques », explique Johsua.

Or la Chine contemporaine se trouve positionnée, sur l'orbe du développement, non loin de l'endroit où se trouvaient les Etats-Unis au début du siècle dernier. Elle connaît donc les mêmes changements, à la démesure qui est la sienne. L'exode rural y est considérable – quinze à vingt millions de personnes quittent chaque année la campagne pour rejoindre les six cents millions de citadins – et transforme massivement les hordes de paysans en armées d'ouvriers. Cette mutation salariale amplifie beaucoup les effets potentiels d'un à-coup subi par la croissance.

Le dilemme du dentifrice

Les éternels ingrédients du krach sont là, des deux côtés du Pacifique, même si l'Amérique a un peu d'avance sur la Chine. Et l'interdépendance des deux géants qui bordent l'océan risque fort d'amplifier les effets de la secousse. Les responsables de la politique monétaire et économique se trouvent donc face à un dilemme très difficile : comment lutter contre les effets dépressifs du dégonflement de la bulle mondiale du crédit, causée par des années d'argent trop abondant et bon marché ? C'est à peu près aussi délicat que de rentrer le dentifrice dans le tube une fois pressé. Car comme toujours, les banques centrales sont quelque peu démunies face aux déchaînements spéculatifs qu'elles ont libérés.

Côté chinois, la surchauffe économique a fait grimper l'inflation à des niveaux qu'on n'avait pas observés depuis les années 90 : plus de 8 % en rythme annuel. C'est la cote d'alerte, qui témoigne d'une économie chauffée à blanc par vingt ans de croissance à deux chiffres et par les considérables investissements destinés à préparer les jeux Olympiques de Pékin, qui se dérouleront à l'été 2008. Les dirigeants chinois redoutent par-dessus tout la hausse des prix, qui alimente le mécontentement populaire – les émeutes de Tian'anmen, en 1989, avaient été déclenchées par un tel ressentiment lié aux conditions matérielles de vie. La situation chinoise est d'autant plus périlleuse que, aux confins de l'empire, les Tibétains se révoltent une nouvelle fois contre la tutelle de Pékin, en prenant à partie l'opinion publique mondiale avant les jeux Olympiques : de toutes parts, les clignotants s'allument.

Pour ralentir la machine économique, il suffirait à la Banque de Chine de relâcher son contrôle des changes, et de permettre au yuan de s'apprécier davantage. Les exportations ralentiraient alors significativement, freinant la croissance. Mais un risque nouveau apparaîtrait alors : une envolée brutale et incontrôlée de la monnaie, qui donnerait un coup d'arrêt à la cavale chinoise. Avec, en corollaire, une chute plus forte du dollar (qui n'en a guère besoin), puisque les déficits américains ne seraient plus financés aussi facilement, les Chinois ayant moins d'épargne à investir. Moins de croissance en Chine, ce serait aussi moins d'emplois, ce qui suscite également un risque social et politique sérieux. La Chine crée, bon an, mal an, entre 15 et 20 millions de postes de travail, alors que ses besoins atteignent 22 millions, compte tenu de la démographie et de l'exode rural massif.

En clair, Pékin navigue en ce moment entre Charybde et Scylla. Trop de croissance, c'est la surchauffe. Pas assez, c'est le chômage qui monte. Et dans les deux cas, le risque de crise financière est très élevé, à cause du système bancaire corrodé par les mauvaises dettes. Le sévère krach boursier intervenu en Chine dans les derniers mois augure des difficultés à venir. Comme toujours, la Bourse anticipe sur les évolutions de l'économie réelle. Et l'indice phare de Shanghaï a fondu de moitié entre l'automne 2007 et le printemps 2008, faisant disparaître quelque 2 500 milliards de dollars de richesse, selon le *Wall Street Journal*, soit plus qu'une année de PIB chinois. Un tiers des 58 millions de comptes-titres ouverts dans le pays sur la seule année 2007 ont été fermés récemment… Très probablement, le navire tiendra son cap jusqu'à l'été 2008, date de la grande rencontre sportive internationale. Mais à l'automne… La Chine moderne pourrait affronter une épreuve économique, financière et sociale de grande envergure, sans précédent depuis les débuts de l'ouverture, à la fin des années 70.

Côté américain, la situation n'est guère favorable, on l'a vu. Ben Bernanke, le patron de la Federal Reserve, est dans une situation qui n'est pas plus confortable que ses homologues chinois. Fin 2007 et début 2008, il a abaissé les taux d'intérêt du dollar vigoureusement, avec une rapidité qu'on n'avait encore jamais vue. L'objectif est de permettre aux banques de se financer à bon compte et de reconstituer leurs profits, afin qu'elles puissent reprendre leur activité de prêteuses, essentielle à une économie de marché. Mais cette baisse des taux ne profite qu'à la marge à Mr Smith, l'acteur central, qui craint désormais pour son emploi et se trouve perclus de dettes. De plus, l'action de la Banque centrale est bridée par la descente du dollar, qui menace de sortir de tout contrôle. A trop diminuer la rémunération de la devise américaine, Bernanke prendrait le risque d'accélérer la chute, ce qui accroîtrait la panique sur les marchés financiers et compromettrait encore davantage la santé de l'économie outre Atlantique. Quant à Alan Greenspan, son prédécesseur qui avait laissé s'installer de tels déséquilibres, en retraite dans sa maison de Martha's Vineyard – lieu de villégiature fortunée sur la côté est américaine –, il est parti au meilleur moment. En bon financier, il a vendu au plus haut.

En 2008, le monde se trouve donc sous la menace d'une rupture tout à fait inhabituelle. Elle devrait ébranler les rives de l'océan Pacifique, suivant en cela la nouvelle géographie de la croissance mondiale, alors que le krach d'avant-guerre avait fait trembler l'Atlantique, à une époque où c'était l'Europe et les Etats-Unis qui dominaient l'économie mondiale.

Pourtant, si l'épicentre du séisme est localisé dans le Pacifique, l'Europe ne sera pas épargnée. D'abord parce qu'elle a commis exactement les mêmes excès en matière d'endettement et de bulle immobilière, au moins pour les pays de l'arc atlantique : l'Espagne, le Royaume-Uni, l'Irlande, l'Espagne et, dans une mesure moindre, les Pays-Bas sont à la merci d'une violente récession causée par la chute de l'immobilier. Deux cas sont vraiment préoccupants. Le Royaume-Uni d'abord, où les prix de l'immobilier ont progressé de 215 % entre 1997 et 2007, selon l'index Nationwide, alors que les ménages portent un endettement supérieur à 170 % de leur revenu annuel. Sur le seul mois de mars, la valeur des logements a chuté de 2,5 %, et l'on attend une correction sévère pour les mois à venir. « Le changement sismique qui s'est produit sur le marché du crédit immobilier suggère que la chute des prix pourrait être importante et prolongée », note l'hebdomadaire *The Economist* du 10 avril 2008. A cela s'ajoute la récession du secteur financier, liée à la crise, qui pèse pour 15 % du PIB.

En Espagne, la menace est encore plus importante. Intégrant l'euro en 1999, l'Espagne a vu ses taux d'intérêt plonger au niveau de ceux de l'Allemagne, ce qui a libéré une énorme demande pour les biens immobiliers, à laquelle s'ajoutait celle des résidents des pays du nord de l'Europe, portés à investir au soleil. Sur les dernières années, l'Espagne a donc construit davantage de logements que l'Allemagne, la France et le Royaume-Uni réunis... Le secteur de la construction pèse pour un cinquième de son économie, ce qui est considérable. Et son essor explique largement la baisse du chômage : plus de la moitié des emplois créés en 2006 provenaient du bâtiment. Le « miracle espagnol », dont sont crédités Aznar et son successeur de gauche Zapatero, doit beaucoup à l'un des plus vieux produits du monde, le ciment. Là encore, les prix se sont envolés, entretenant un effet de richesse qui a fortement soutenu la consommation. Là encore, l'endettement des ménages a fait un bond inouï. Et là encore, le marché montre ses premiers signes de retournement.

Royaume-Uni et Espagne contribuaient à faire tourner la machine européenne, grâce à leurs déficits extérieurs significatifs. Comme les Etats-Unis, ils consommaient davantage que ne le leur permettaient leurs revenus. C'en est fini pour un moment. Et dans le même temps, l'Allemagne, principale courroie de transmission de la conjoncture internationale pour l'Europe, va subir le ralentissement américain, auquel s'ajoute le renchérissement de l'euro, qui rend ses produits plus chers. Et la France ? Profitant moins des grands vents planétaires lorsque ceux-ci sont favorables, elle devrait être aussi moins exposée à leur retournement. Elle souffrira de la crise plus tard que les autres, toujours « attardée dans le grand drame », comme le disait l'économiste Alfred Sauvy à propos d'une autre crise, celle des années 30.

On demande M. Keynes

Curieusement, une autre rupture semble accompagner le retournement financier qui se manifeste, comme si elle marchait dans ses traces : une inflexion idéologique, qui nous fera peut-être quitter l'ère du tout-libéral inaugurée il y a vingt-cinq ans. L'intervention du gouvernement américain pour contrer la menace de crise, en effet, a été spectaculaire en 2001-2002. En l'espace de quelques mois, le budget fédéral est passé de l'excédent au déficit sous l'effet de gigantesques transferts – 3 points de PIB – destinés à ranimer l'économie convalescente. Bush Jr, libéral jusqu'alors, est devenu l'un des présidents les plus interventionnistes, rejoignant ici un Franklin Roosevelt, élu en 1932, qui mit en œuvre un programme économique vigoureux pour sortir l'Amérique de la Grande Dépression. C'est ainsi que George W. Bush est parvenu à sauver sa réélection pour un second mandat, en novembre 2002. Et à faire repartir la croissance, avec les baisses de taux décidées par Alan Greenspan.

Dans le même temps, l'Amérique tirait les leçons de l'affaire Enron, cette faillite frauduleuse réalisée en 2002 par un courtier en énergie. Une nouvelle législation a été élaborée pour contraindre les entreprises à la transparence des comptes : la loi Sarbanes-Oxley, lointain écho de celle qui créa en 1933 la Securities and Exchanges Commission, le gendarme des marchés mis sur pied pour garantir les droits de l'investisseur après la débâcle boursière. Cette loi est aujourd'hui très controversée, parce que en imposant de lourdes procédures de transparence aux entreprises cotées à Wall Street, elle amoindrit la compétitivité de la place boursière américaine face à celles de Londres ou de Hongkong. Reste qu'elle témoigne d'un retour à la régulation, après des années où le laisser-faire était non seulement pratiqué, mais présenté comme le meilleur système pour les individus et la collectivité.

D'autres éléments indiquant la même tendance sont apparus récemment, comme la controverse sur les stock-options et les rémunérations indues de certains patrons, ou encore le débat sur la politique énergétique américaine, dans lequel l'Etat fédéral a repris la main, après la grande panne électrique qui a paralysé une partie du pays en août 2003. Jusqu'où peut aller cette inflexion ? Impossible aujourd'hui de le prévoir. Il faut noter en tout cas que c'est aux Etats-Unis qu'elle est née. Comme y était né le grand cycle libéral, théorisé dans les années 70 et traduit peu après dans la réalité par la politique monétaire de Paul Volcker, patron de la Federal Reserve, en 1979, et surtout la politique économique de Ronald Reagan, élu en 1980.

La réaction des autorités américaines depuis le déclenchement de la crise, en août 2008, ne fait que prolonger ce retournement idéologique. Avec le sauvetage de Bear Stearns, bien sûr, mais aussi avec le plan de soutien à l'économie que l'administration Bush a mis en œuvre, d'une centaine de milliards de dollars. Un autre programme est à l'étude, qui aurait fait hurler les économistes libéraux il y a peu de temps encore, pour soulager les ménages étranglés par leurs dettes immobilières. Il s'agit d'utiliser des fonds publics pour empêcher que ne s'aggrave la spirale des ventes à perte sur saisies.

Nul doute que le prochain président des Etats-Unis, quel que soit son bord politique, initiera bientôt toute une série de réglementations nouvelles destinées à prévenir l'apparition de crises comme celle que nous vivons, et qu'il prévoira tout un arsenal de soutien à l'activité pour les premiers mois de son mandat, en 2009. Nul doute aussi qu'il sera plus isolationniste sur le plan du commerce international. L'Amérique, en sérieuses difficultés économiques, ne sera pas aussi ouverte que nous l'avons connue dans le dernier quart du XXe siècle.

La crise de 2007 affole notre boussole idéologique, exactement comme celle des années 30 avait réhabilité l'interventionnisme, le protectionnisme, et inauguré des politiques de dépenses publiques préconisées par l'économiste britannique John Maynard Keynes. Car si le laisser-faire est une philosophie parfaitement adaptée au beau temps, elle est plus périlleuse en cas de violents orages économiques.

2

L'Europe : de l'union à la désintégration

Comme dans l'entre-deux-guerres, l'Europe d'aujourd'hui a entrepris son intégration économique. Elle ne l'a pas plus achevée qu'à l'époque. Nous avons la monnaie unique – avant guerre, le bloc-or assurait des changes fixes conférant la stabilité monétaire – qui a supprimé la possibilité de dévaluer, et avec elle les désastreuses crises monétaires. Mais le mécanisme de l'union monétaire libère des effets silencieux et délétères, présicément parce que l'Europe s'est arrêtée en chemin. Quant à l'union politique, elle est en panne, la volonté des gouvernements et des peuples s'étant mystérieusement évanouie. Dans les prochaines années, l'Europe sera écartelée entre la poursuite de son rêve d'unification et les forces centrifuges qui vont s'exprimer de plus en plus bruyamment. Mise à l'épreuve par la résurgence des nations, elle n'a aucun moyen de concevoir et de mettre en œuvre une stratégie concertée pour faire face aux chocs économiques et politiques qui se préparent.

Les années 20 : naissance du phénix

La belle idée européenne est un phénix. Elle réapparaît après chaque crise internationale et meurt juste avant la suivante. Au sortir de la guerre de 1914-1918, l'atmosphère est assombrie par les ravages du conflit et il n'est pas encore question de réconciliation entre les Français et les Allemands. Il y a d'abord la profonde blessure démographique. Le nombre des tués atteint en France 1,3 million, contre 800 000 outre-Rhin[1]. Ils sont plus nombreux chez nous parce que la guerre s'est déroulée sur le sol national. A cela s'ajoutent, selon Alfred Sauvy, 250 000 décès civils et un déficit, causé par la guerre, de 1,4 million de naissances. Soit, au total, une perte de 3 millions de Français pour une population de moins de 40 millions d'habitants. C'est une véritable saignée. Rapporté à la population active, ce chiffre est encore plus impressionnant. La France compte ainsi 10,5 tués pour 100 hommes actifs. Quant aux dommages matériels et financiers, ils sont évalués pour la France à 55 milliards de francs 1913, soit l'équivalent de treize mois de revenu national pour cette même année.

A la suite de ces dégâts humains et matériels considérables, c'est une sorte de dépression qui s'abat sur l'Europe, après les horreurs de la guerre. Paul Valéry en est le témoin éclairé. Dans la première lettre de *La Crise de l'esprit* (1919), il écrit : « Nous autres, civilisations, nous savons maintenant que nous sommes mortelles. » « Un frisson extraordinaire a couru la moelle de l'Europe, poursuit-il. Elle a senti, par tous ses noyaux pensants, qu'elle ne se reconnaissait plus, qu'elle cessait de se ressembler, qu'elle allait perdre conscience – une conscience acquise par des siècles de malheurs supportables, par des milliers d'hommes du premier ordre, par des chances géographiques, ethniques, historiques innombrables. »

C'est dans le souvenir tout frais des épreuves que se négocie le traité de Versailles destiné à mettre fin aux hostilités. Les Français sont vindicatifs, cherchent à réduire l'Allemagne et exigent des réparations financières qui mettront à genoux la puissance vaincue. Maintes fois renégociées, ces réparations empoisonnent l'atmosphère européenne de l'entre-deux-guerres. L'un des projets prévoyait que l'Allemagne devrait payer jusqu'en 1987 ! En réalité, les versements se sont amenuisés rapidement à cause de la sévère crise économique et monétaire qui se déclenche en Allemagne au début des années 20 et qui dégénère en hyperinflation. Le cours du dollar en marks passe ainsi de 192 en janvier 1922 à 128 200 un an plus tard, pour atteindre 573 millions en septembre de la même année ! L'irrédentisme financier de Weimar, la nouvelle capitale allemande, déclenchera le 11 janvier 1923 l'occupation de la Ruhr : le président du Conseil français, Raymond Poincaré, déclarait vouloir « envoyer l'huissier » à l'Allemagne pour lui « mettre la main au collet ».

Par ailleurs, le traité de Versailles limite la taille de l'armée allemande et démilitarise les rives du Rhin, de façon à protéger la France. Il est très pénalisant pour le vaincu. « On n'avait jamais fait de paix si imprévoyante », raconte Bertrand de Jouvenel, jeune spectateur du drame qui se joue en 1919 à Versailles[2], alors que son père était associé aux négociations. Plus tard, il commentera sévèrement la politique allemande de la France : « Le drame de l'entre-deux-guerres, c'est que la France s'est trompée de saison, que notre politique étrangère a été à contretemps. Le temps pour la paix était celui où le peuple allemand était épuisé par l'effort de guerre, décimé sur les champs de bataille, les enfants amaigris par le blocus, l'opinion révoltée, le régime renversé, les sociaux-démocrates au pouvoir. » Quant aux temps pour la guerre, à tout le moins pour la préparer, c'étaient bien sûr les années 30, pendant lesquelles la France s'est montrée pacifiste jusqu'à l'outrance. Spectaculaire et fatal contretemps.

Au plan économique, les monnaies se dévaluent, épuisées par des dépenses considérables qu'ont occasionnées les hostilités. La plupart des pays, la France en particulier, vivent dans le regret de la stabilité monétaire qui prévalait avant 1914. Le franc germinal, en vigueur à la veille du déclenchement des hostilités, n'avait en effet pas été dévalué depuis 1803, les sterling et dollar ayant également traversé le siècle indemnes ! Cette stabilité était assurée grâce à un système d'étalon-or très strict, qui établissait un lien étroit entre les réserves d'or d'une nation et la quantité de monnaie qui y circulait. Tout déficit commercial se traduisait donc par une diminution de la circulation monétaire, qui devait être compensée par une hausse des taux d'intérêt du pays afin que les capitaux y réapparaissent. Contrepartie coûteuse de la stabilité de la monnaie, les cycles de l'économie réelle étaient beaucoup plus violents qu'aujourd'hui, comportant des récessions profondes qui jetaient de nombreux chômeurs dans la misère.

Au sortir de la guerre, les pays d'Europe comme l'Amérique cherchent donc à rétablir la convertibilité de leur monnaie qui, selon les théories en vigueur, constitue le socle de la prospérité. On espère lutter ainsi contre la forte inflation, causée par les désordres de la guerre, qui gangrène l'économie du continent, surtout en Allemagne. « Les dégradations monétaires sont considérées comme des actes barbares ou malhonnêtes, ou des maladies », note Alfred Sauvy, qui rend compte de l'avis des experts de l'époque, largement libéraux[3]. En 1925, le sterling parvient le premier à retrouver une parité fixe avec le métal jaune, à l'initiative du chancelier de l'Echiquier conservateur Winston Churchill, sous la pression de la City et contre l'industrie.

Au plan politique, le phénix européen réapparaît au milieu des années 20, alors que l'économie du

Continent se stabilise et que la France et l'Allemagne se rapprochent, malgré les incessantes chicaneries sur les réparations financières. On réactive l'idée d'un Autrichien, Coudenhove-Kalergi, qui avait préconisé quelques années plus tôt la création des « Etats-Unis d'Europe », comportant une industrie sidérurgique commune, un marché unique, une union monétaire… Tout un mouvement d'idées prend vie autour de ce projet, qui gagnera jusqu'aux esprits les plus influents puisque Aristide Briand, président du Conseil et ministre des Affaires étrangères français, l'adoptera après avoir signé le traité de réconciliation à Locarno avec son homologue allemand Gustav Stresemann.

Dans la période de réconciliation, la Société des Nations (SDN) joue un rôle éminent pour la promotion de l'aventure européenne. Cet ancêtre de l'ONU (Organisation des Nations unies), créé en 1919 sans les Etats-Unis – car le Congrès américain avait refusé d'y participer –, œuvrait de façon idéaliste pour le rapprochement des peuples. En 1926, elle admet l'Allemagne en son sein, et Briand, réconcilié avec l'ennemi d'hier, accueille Stresemann par ces mots : « Arrière, les fusils, les mitrailleuses et les canons ! » Les deux hommes recevront le prix Nobel de la Paix cette même année. En 1928, la SDN vote la mise hors la loi de la guerre. Et c'est au siège de la Société, à Genève, que Briand dévoile son projet d'union, invitant les vingt-sept nations européennes représentées dans l'enceinte à négocier. L'Allemagne s'enthousiasme, pourvu que l'union soit d'abord économique... Stresemann compare même le projet à celui de l'unification allemande au siècle précédent.

« On peut un moment croire qu'au prix d'immenses sacrifices humains, l'Europe réalise le rêve quarante-huitard, écrit Bertrand de Jouvenel, les absolutismes balayés, les nationalités reconnues ; en tout pays un régime d'assemblée, au-dessus des Etats, une assemblée internationale à laquelle ils défèrent, et bientôt les Etats-Unis d'Europe[4]. » L'idéalisme prend le pas sur les rancunes de la guerre. Léon Trotski, plus sceptique, commentera ainsi l'événement le 4 octobre 1929, dans le *Bulletin de l'opposition russe* : « Briand ressent le besoin d'améliorer le sort historique de 350 millions d'Européens qui sont porteurs de la plus haute civilisation, mais ne peuvent vivre un siècle sans une douzaine de guerres et de révolutions. »

La réconciliation européenne est favorisée par la reprise économique qui diffuse ses effets euphorisants sur le Continent. Comme toujours, les peuples sont prêts à l'ouverture lorsqu'ils n'ont pas peur du futur. A la fin des années 20, l'activité est maximale. La plupart des devises européennes ont retrouvé la convertibilité-or, ce qui met l'Europe dans une situation d'union monétaire, comme avant la Première Guerre mondiale, et autorise un retour partiel du libre-échange. Le franc rejoint le pacte monétaire autour du métal jaune en juin 1928, grâce à Raymond Poincaré, de nouveau président du Conseil, qui stabilise la devise nationale au cinquième du franc germinal de 1913. On parle de l'« euthanasie des rentiers », mais l'énorme dette de l'Etat, qui pesait autant que le revenu national annuel et qui obérait toute marge de manœuvre, disparaît elle aussi. Poincaré rompt avec une décennie de crises monétaires qui contraignaient fortement la politique économique française. La dévaluation dope les entreprises, la France approche du plein-emploi.

Les Bourses européennes caracolent sous l'empire d'une spéculation qui a traversé l'Atlantique. L'indice français, coté à 211 en 1926, atteint un pic à 548 en février 1929. Le socialiste Léon Blum, dans *Le Populaire*, décrit l'enthousiasme des petits porteurs : « Allez donc faire un tour le soir sur les boulevards, à l'heure où sortent les journaux financiers, *L'Information* ou *Les Cotes*. Vous verrez quelle presse, quelle fièvre dans l'attente. Et n'imaginez pas que ce soit de grands bourgeois surveillant le mouvement de leur portefeuille. Vous verrez de moyennes et de petites gens qui ont joué leurs quatre sous sur une valeur spéculative. Car aujourd'hui, tout le monde spécule, tout le monde joue. » Trois semaines plus tard, le « Jeudi noir » fait basculer Wall Street.

Les années 30 : « Men not wanted »

Bertrand de Jouvenel notera dans son autobiographie un changement de climat brutal « qui fit succéder la sinistre marche des années trente à l'euphorie régnant à la fin des années vingt[5] ». Tout comme l'euphorie économique avait permis aux Européens d'amorcer leur réconciliation, la montée de la crise et du chômage rétablira les frontières nationales dans les esprits et dans les faits.

Peu après l'effondrement boursier, les banques américaines, sonnées par les pertes qu'elles ont subies à la Bourse, rapatrient les capitaux qui soutenaient l'Europe, l'Allemagne en particulier. La crise se diffuse ainsi au système bancaire européen, concrétisée, en mai 1931, par la faillite du Kreditanstalt de Vienne. Le système financier international, qui avait été restauré dans l'improvisation et sans véritable coopération, est mis à l'épreuve. « Devant l'effondrement de la confiance, les pays emprunteurs se heurtèrent tous à une impossibilité de renouveler ou augmenter leurs emprunts : les cessations de paiement d'Etats et les dévaluations se multiplièrent alors. Les banques subirent des pertes, une immobilisation de leurs créances et une perte de confiance de leur clientèle qui conduisit à une seconde crise bancaire, cause majeure d'aggravation de la crise américaine. Les banques anglaises, en position illiquide du fait de leurs créances à plus long terme que leurs dépôts et de l'immobilisation de leurs avoirs allemands, subirent un *run* international qui imposa la dévaluation de la livre sterling, le 21 septembre 1931. La crise était devenue mondiale », analyse Pierre-Cyril Hautcœur[6], qui pointe la dispersion des réponses nationales à la crise, sur un plan monétaire, économique et diplomatique, comme un facteur majeur de la propagation du fléau.

Comme toujours lorsqu'elle est en difficulté économique, l'Europe cède devant la résurgence des nations et de l'intérêt à court terme. Les mesures protectionnistes se multiplient. Les frontières se ferment aux marchandises, elles se ferment aux hommes. Les Etats-Unis, qui avaient accueilli plus d'un million d'immigrants par an dans les années qui précédèrent le premier conflit mondial, ralentissent aussi les flux dans les années 20 et le tarissent dans les années 30. Il est vrai que le « miracle américain » est devenu moins séduisant même pour des Européens désargentés.

Le chômage atteint un niveau sans précédent dans toute l'Europe. Dans le journal *Vu* du 3 septembre 1930, Jouvenel publie un reportage sur le port de Liverpool : « L'énorme coque du quai flottant vibre imperceptiblement sous mes pas. Le long de ses flancs, aucun navire n'est arrimé. Si je me penche par-dessus bord, je ne vois rien que le moutonnement lent découragé des chômeurs qui attendent du travail. De mon point d'observation, je découvre presque l'ensemble du port, et je vois les petits grumeaux noirs de la foule collés aux portes des chantiers. Les hommes viennent, attendent une, deux, trois heures, puis vont attendre ailleurs. Les compagnies les connaissent tous. Si par hasard, on a besoin d'un travailleur, on ouvrira un guichet, on appellera un nom, on fera entrer un ouvrier. La porte se refermera bien vite. Et on y attachera de nouveau la pancarte blanche, portant ces mots :

« *Men not wanted.*

« On n'a pas besoin d'hommes.

« Cette pancarte, on la retrouve sur les portes d'usines de Birmingham à Sheffield, de Liverpool à Manchester, de Glasgow à Londres.

« Et je ne puis m'empêcher, en la regardant, de penser à ces signes qu'on mettait jadis à la porte des léproseries ;

« Le chômage, c'est la lèpre de notre siècle. »

Les Français réagissent à leur manière habituelle : d'abord dans le déni, puis par des politiques économiques extrêmes et contradictoires qui laisseront le pays exsangue. La France croit d'abord qu'elle n'est pas atteinte. « En réalité, elle est en train de manger sa précédente dévaluation et se trouve simplement attardée, dans le grand drame », note Alfred Sauvy dans son *Histoire économique*. Pour *Le Figaro* du 26 octobre 1929, « maintenant que l'abcès de Wall Street est crevé et que les marchés du Nord et de l'Europe centrale ont dégorgé leur trop-plein de papier, on peut envisager l'avenir immédiat sous de plus agréables couleurs[7] ». A l'automne 1930, l'Allemand Friedrich Sieburg, correspondant de la *Frankfurter Zeitung*, publie à Paris un essai au titre singulier : *Dieu est-il français ?* L'auteur s'interroge sur les causes du miracle qui subsiste dans ce « pays de la juste mesure » possédant un « idéal de bonheur personnel qui le protège des travers affectant ses voisins[8] » ! En décembre de la même année, le libéral président du Conseil André Tardieu explique que « l'une des raisons pour lesquelles l'opinion étrangère admire le peuple français est la résistance de celui-ci à la dépression économique mondiale. L'harmonie de la structure de la France et les mesures prises en temps voulu par les autorités facilitaient cette résistance. La prudence naturelle du peuple français, sa faculté d'adaptation, sa modernisation, son courage y ont contribué[9] ».

Cette déclaration quelque peu imprudente sera démentie avec une violence croissante dans les années qui suivirent. La dévaluation de la livre sterling, en septembre 1931, donne son vrai départ à la crise en Europe, détruisant la compétitivité des pays du bloc-or et faisant exploser le système financier mondial, car la devise britannique est la monnaie internationale de l'époque. D'innombrables pays suivent, de l'Islande au Japon en passant par le Brésil. C'est un séisme. En Europe, seuls la France, la Belgique, la Suisse, l'Italie et les Pays-Bas préservent l'étalon-or et la liberté des changes, alors que l'activité se détériore rapidement. A la fin de 1931, la production industrielle est en régression de 42 % en Allemagne par rapport au pic de 1929, de 27 % en Italie et de 23 % en France. Seule l'Angleterre redresse la tête grâce à sa dévaluation. L'Allemagne se reprendra dès 1932, avant l'arrivée au pouvoir de Hitler en janvier 1933, parce que le nouveau chancelier von Papen rompt avec la politique déflationniste de son prédécesseur. Le chômage monte partout en Europe, il atteindra six millions de travailleurs en Allemagne. Et peu à peu, les régimes fascistes gagnent dans les pays européens, en Italie, en Allemagne, en Espagne. « L'événement le plus explosif du siècle, c'est l'apparition de gouvernements autoritaires, et cela à un point qui ne s'était jamais vu dans l'histoire occidentale », constatera Jouvenel[10].

Dans la deuxième moitié de la décennie, la France connaîtra deux expériences parfaitement opposées qui achèveront d'épuiser l'économie à la veille de la Seconde Guerre mondiale. La première est la déflation de Pierre Laval, nommé président du Conseil en 1935. Pour éviter la dévaluation et préserver les restes du bloc-or, Laval met en œuvre une politique drastique destinée à faire baisser les prix et les coûts au niveau de ceux de nos concurrents qui, eux, avaient dévalué : forte baisse de la dépense publique, prélèvement sur traitement des fonctionnaires, impôts supplémentaires... L'expérience désastreuse casse la croissance sans pour autant ralentir la fuite des capitaux. Alors que, partout ailleurs, la dévaluation donne de l'oxygène à l'économie, la France se trouve bloquée par un double verrou, ainsi que le diagnostiquait Nicolas Baverez lors d'une conférence donnée en 1996[11] : un taux de change surévalué et des taux d'intérêt assassins. Le bloc-or, après avoir été un facteur d'unité européenne, devient l'instrument de la chute à cause des contraintes insensées qu'il impose.

En mai 1936, la gauche remporte les élections. Succède à Laval le socialiste Léon Blum, qui préside le gouvernement du Front populaire. A l'inverse de la politique précédente, on se lance dans la « reflation », avec croissance des dépenses publiques et augmentation du pouvoir d'achat, espérant ranimer la demande flageolante. Malgré la réforme de la Banque de France, jusqu'ici tenue par ses plus gros actionnaires (les « deux cents familles »), les fuites de capitaux se multiplient et contraignent Blum à la dévaluation, dès septembre 1936. La fin bienvenue du bloc-or libère l'économie française et déclenche une reprise. Mais celle-ci sera interrompue par la violente réduction du temps de travail, lorsque les horaires hebdomadaires passent de 48 heures à 40, et par les grèves incessantes. En mai 1937, l'Exposition universelle de Paris est inaugurée avec vingt-trois jours de retard, dus aux grèves et à l'activisme de la CGT, qui avait défini jusqu'au nombre de briques qu'un maçon était autorisé à porter…

Anémiée faute de croissance, la France connaît aussi de graves difficultés politiques, comme si la maladie s'était étendue, au fil des années 30, de l'économie aux institutions. Les réponses à la crise, inefficaces, suscitent un ressentiment croissant contre le personnel politique et le Parlement, jusqu'au système démocratique lui-même. Trois phénomènes se conjuguent. Une instabilité politique chronique, d'abord. Entre 1924 et 1940, trente-cinq gouvernements se sont succédé, dont plus de vingt dans la décennie qui précède la guerre, « mais seulement onze présidents du Conseil et dix ministres des Affaires étrangères pour mener à bien cette partie de chaises musicales », rapporte Eugen Weber[12]. La multiplication des scandales financiers ensuite, l'affaire Stavisky, en 1934, n'étant que le plus célèbre. Ces scandales compromettent trop souvent les autorités politiques et administratives, associées aux malfrats. Des émeutes violentes enfin, comme celle du 6 février 1934 où les Ligues d'extrême droite affrontent les forces de l'ordre dans des échauffourées qui font plusieurs morts et se traduisent par la chute du gouvernement.

Devant l'évidence fasciste, la France abandonne peu à peu son désir d'Europe. Aristide Briand, l'artisan du rapprochement, meurt quelques mois avant l'arrivée de Hitler à la Chancellerie, et il n'aura pas de successeur pour prolonger son grand œuvre européen. Le dialogue franco-allemand s'interrompt. La France, fatiguée par la crise et traumatisée par les souvenirs de la Grande Guerre, adopte l'attitude de celui qui se sait vulnérable – un pacifisme outrancier –, tandis que Hitler multiplie les provocations. Dès 1934, il quitte la SDN et lance son pays dans un gigantesque effort industriel de réarmement. En 1936, quelques semaines avant les élections en France qui donneront le pouvoir au Front populaire de Léon Blum, quelques troupes allemandes envahissent la Rhénanie, au mépris du traité de Versailles. La France ne bronche pas. En mars 1938, l'Allemagne annexe l'Autriche, puis elle vise les territoires tchèques des Sudètes. En septembre 1938, la conférence de Munich réunit les chefs de gouvernement européens qui plient devant ces nouvelles exigences hitlériennes. Le 15 mars 1939, les troupes allemandes entrent à Prague. En septembre de la même année, c'est l'invasion de la Pologne, qui précède de quelques jours l'entrée en guerre.

Le fascisme et la guerre ont-ils été déclenchés par cette crise économique et financière mondiale ? Le lien de causalité est évident entre l'économie défaillante et la décomposition politique, dont le fascisme est l'expression radicale. La montée du chômage et l'affaissement de l'appareil productif ont sapé les bases fragiles de la république désargentée de Weimar. Pourtant, l'historien Niall Ferguson, qui dans son livre récent[13] cherche à comprendre pourquoi le XXe siècle a été le plus sanglant, n'en fait pas la cause unique de la catastrophe : « La chaîne de causalité la plus familière, dans l'historiographie moderne, conduit de la Grande Dépression à l'ascension fasciste et au déclenchement de la guerre. En y regardant de plus près, cette fable s'effondre. Tous les pays touchés par la Grande Dépression n'ont pas sombré dans le fascisme. Pas plus que tous les régimes fascistes n'ont tous été engagés dans la guerre. Et si l'Allemagne nazie a initié le conflit en Europe, elle ne l'a fait qu'après avoir guéri de la Dépression. [...] Quand on observe le siècle, il n'a pas de règles. Certaines guerres arrivent après la croissance, d'autres sont les causes de crises économiques plutôt que les conséquences. Et il y a des crises économiques graves qui ne mènent pas à la guerre. » Ferguson, au fil de son travail d'historien, distingue un entrelacs de causes à la folie meurtrière qui allait suivre de peu l'effondrement économique : la difficulté de l'assimilation et de l'intégration des populations dans une Europe plus mélangée qu'auparavant ; le caractère explosif des zones frontalières dans lesquelles vivaient de nombreuses ethnies ; la volatilité chronique de la vie économique avant la Seconde Guerre mondiale ; les convulsions des vieux empires qui perdaient leur emprise. Et, ajoute-t-il, le commencement du déclin occidental qui allait s'accentuer au fil du siècle.

L'économie a bien joué son rôle, mais aussi d'autres ferments ont lentement œuvré, dissimulés et silencieux, alors que l'Europe pensait ne jamais connaître de nouveau une telle horreur. « Les malheurs économiques ne firent qu'aggraver les blessures de l'âme », selon la formule d'Eugen Weber[14].

Les années 90 :
le phénix roule en Trabant

« Les Etats-Unis d'Europe, le désarmement, la liberté du commerce, la paix sont à l'ordre du jour. La diplomatie capitaliste prépare partout une soupe pacifiste », ironise Trotski à la fin des années 20. Eût-il vécu dans les années 90, il aurait écrit mot pour mot le même commentaire acide, car les thèmes de l'actualité européenne sont alors rigoureusement identiques à ceux qu'il brocardait : pacifisme, capitalisme universel, intégration européenne, forte croissance et envolée des cours à la Bourse.

Au début de la décennie, la chute du Mur donne des ailes à une construction européenne pilotée par un homme d'exception, le Français Jacques Delors, président de la Commission de Bruxelles. Les candidatures de ces nouvelles démocraties affluent, car l'Europe leur apparaît comme un point d'ancrage dans le monde libre. Le marché unique se prépare à grande vitesse, réalisant enfin les utopies des années 20, et démentant la petite phrase méchante de Jean-Pierre Chevènement, qui avait alors curieusement déclaré : « La chute du Mur a fait un mort, c'est Jacques Delors. »

L'Europe s'investit d'une mission de civilisation auprès de sa moitié déshéritée, sortant d'un demi-siècle de joug communiste. Ces pays, dont les habitants se chauffent au charbon et roulent dans de drôles de petites voitures pétaradantes, les Trabant, se voient baptiser d'un sigle incompréhensible, dans le plus pur style bruxellois : les « PECO », ou Pays de l'Europe Centrale et Orientale, voués à rejoindre l'Europe des Mercedes dans les plus brefs délais.

L'auteur, qui traitait alors des questions européennes dans un journal économique français, se souvient de l'atmosphère si particulière qui régnait au Berlaymont, le bâtiment hébergeant la Commission européenne rue de la Loi, à Bruxelles. Plusieurs milliers de fonctionnaires y œuvraient, sous la présidence de Jacques Delors et l'œil vigilant de Pascal Lamy, son directeur de cabinet. Ils s'exprimaient dans leur jargon, travaillaient selon des procédures hermétiques, mais aussi, pour beaucoup, dans un enthousiasme peu commun chez des fonctionnaires. Et comme leurs prédécesseurs de la SDN, ils témoignaient d'une certaine fierté à aller à rebours de l'histoire et des nationalismes qui avaient ensanglanté le siècle. Même lorsqu'il s'agissait de réglementer le niveau sonore des tondeuses à gazon.

Le génie de Jacques Delors était de mettre au service de la construction européenne l'énergie de la grande vague libérale qui déferlait alors. Delors n'est pas libéral, mais c'est un pragmatique, et il bâtit un compromis qui permettra un « accord d'arrière-pensées », selon les mots de la « Dame de fer », Margaret Thatcher. Pour les Français, le marché unique est la première étape d'un projet politique visant à leur donner barre sur le destin du continent et à rétablir dans le monde une influence dont ils gardent une inguérissable nostalgie. Pour les Anglais, il s'agit d'une zone de libre-échange, et c'est le mieux que l'Europe puisse leur offrir. Quant aux Allemands, fort conciliants avant la chute du Mur car toujours ramenés par les Français à leur culpabilité pour méfaits de guerre, ils le sont encore plus après, lorsqu'il faut « vendre » la réunification à leurs voisins qui s'en inquiètent. François Mitterrand et la plupart des leaders d'Europe occidentale sont en effet dans l'état d'esprit de François Mauriac, qui disait, commentant la partition de notre voisin : « J'aime tellement l'Allemagne que je suis heureux qu'il y en ait deux. » La méfiance répond aux projets d'unité présentés par Helmut Kohl, quelques semaines seulement après l'effondrement du mur de Berlin.

La négociation qui débute en 1990 est l'échange du siècle : l'unification allemande contre l'unification monétaire européenne, l'Allemagne étant la principale bénéficiaire de la première et la première victime de la seconde, puisqu'elle renonce à son mark fétiche en partageant sa puissance monétaire. Donnant, donnant. Pour protéger le marché unique, il faut créer une devise commune. A l'époque, on parle de l'« écu », ou « European Currency Unit », qui sera vite abandonné parce qu'il sonne fort mal dans la langue de Goethe. L'opération doit interdire les crises monétaires et les dévaluations, dont le franc et la lire sont coutumiers. Dans la foulée, on bâcle une politique étrangère commune et quelques dispositions annexes : c'est le traité de Maastricht, qui sera ratifié en France, par une courte majorité lors du référendum de septembre 1992, quelques semaines avant l'entrée en vigueur du grand marché, le 1er janvier 1993.

Comme soixante-dix ans plus tôt, le projet européen se cristallise sur l'union monétaire, censée n'avoir que des avantages : sous ses abords techniques, la gestion d'une monnaie unique familiarisera les Européens avec le fédéralisme et les préparera à l'étape ultime, la création d'un pouvoir politique commun qui permettra de faire pièce aux Etats-Unis dans la conduite des affaires du monde. L'union monétaire permettra aussi la libre circulation des biens et des capitaux qui, selon les canons libéraux influents alors, garantit une croissance solide pour le continent. Elle fera « converger » les économies, les plus faibles étant tirés par les forts.

Bien sûr, il fallait consentir des sacrifices pour satisfaire aux fameux « critères de Maastricht » qui imposent aux Etats candidats un plafond du déficit budgétaire et de la dette publique. Mais la croissance était de retour, portée par l'onde de la nouvelle économie que l'Europe découvrait à son tour. Durant les années 1998-2000, l'activité bat des records que l'on n'a pas vus depuis longtemps, avec des taux annuels approchant les 4 %, et les déficits publics fondent sous l'effet de la reprise de l'emploi – les journaux économiques titrent alors sur « la fin du chômage » – et des rentrées fiscales abondantes.

Les taux de change entre les devises sont irrévocablement fixés le 1er janvier 1999. L'euro sera mis en circulation trois ans plus tard exactement. La plus grande opération monétaire de tous les temps est un succès technique incontestable. Alors que la phase de préparation consacrait la puissance allemande, puisque toutes les devises étaient alignées sur un mark piloté par la seule Bundesbank, l'union, au contraire, permet de prendre des décisions collégiales au sein de la nouvelle Banque centrale européenne. Pour atténuer l'amertume des Allemands dépossédés de leur prérogative, on installe la jeune Banque centrale européenne à Francfort, capitale de la rigueur, et on lui prévoit des statuts qui sont un pur décalque de ceux de son prédécesseur germanique, en l'émancipant de la tutelle politique.

Au seuil du troisième millénaire, l'Europe se trouve exactement dans le même schéma qu'en 1929. La forte croissance semble pouvoir se prolonger sans entraves. Une révolution technologique transforme la production et la consommation. La spéculation boursière s'emballe. L'optimisme règne dans des relations internationales apaisées et libérées de toute menace. Le libéralisme est promu par tous les gouvernements, quelle que soit leur couleur politique. Le projet d'intégration européen connaît une nouvelle étape. Ces diverses évolutions se soutiennent mutuellement : l'Europe progresse grâce à la croissance, la spéculation se nourrit de la vague technologique, la diminution des budgets militaires libère le capital pour l'innovation, la vague libérale stimule la croissance. Un cercle vertueux. C'est en tout cas ce que l'on croyait.

Les années 2000 : vers la désintégration

Sept ans plus tard, le tableau est sensiblement différent. Le retournement est en cours, désarticulant la construction européenne et les avancées spectaculaires des vingt dernières années. La première inflexion date de 2000 : le mini-krach et la chute d'activité qui l'a suivi ont douché les espoirs de croissance autonome de la région européenne. Là encore, les cycles économique et politique sont étrangement synchrones. Dès que l'euphorie se dissipe, les liens du mariage entre les nations se distendent.

En 2001, les attentats de New York et de Washington déportent les priorités géostratégiques sur la lutte contre un nouveau terrorisme. La plupart des pays d'Europe continentale ne sont ni préparés ni même avertis des dangers nouveaux. Enfin, la guerre d'Irak, en 2003, ouvre une fracture profonde au sein même du Continent, entre les alliés des Etats-Unis et le camp pacifiste mené par la France, ruinant les maigres espoirs de politique étrangère commune.

Ultime péripétie, le « non » français au référendum sur la constitution européenne, le 29 mai 2005, ouvre une période d'incertitudes profondes sur l'avenir politique de l'Union, qui se voit contrainte de vivre un temps sous le régime du traité de Nice, compromis institutionnel impraticable interdisant aux Vingt-Sept toute action d'envergure. Depuis, l'élection de Nicolas Sarkozy, en mai 2007, a permis de reprendre une idée de Dominique de Villepin, celle du traité prétendu « simplifié », adopté au conseil européen de Bruxelles. Il s'agit en gros du texte qui avait été refusé par référendum, auquel on a apporté quelques modifications symboliques, qui irritaient les nationalistes de tous les pays concernés. Ce traité sera soumis à ratification dans les Etats européens courant 2008. Sauf accident, il devrait entrer en vigueur alors, permettant de faire fonctionner l'Union un peu mieux qu'avec le compromis de Nice. Mais il ne témoigne en rien d'une volonté d'intégration comparable à celle d'il y a vingt ans. L'Europe n'a plus de projet, et c'est la première fois depuis qu'elle a été réanimée, après la Seconde Guerre mondiale. La controverse sur les frontières – faut-il intégrer la Turquie ou pas – dissimule du reste une interrogation sur la finalité même du projet continental : à quoi peut désormais servir l'Europe, quelles sont les prochaines étapes de l'intégration ? Des Etats naguère moteurs comme la France et l'Allemagne ne savent plus ce qu'ils veulent, alternant entre un silence assoupi et des professions de foi abstraites qui sonnent comme la langue de bois.

Certes, au tournant du siècle, l'Europe jouit de la stabilité monétaire retrouvée. Cette restauration a permis de diminuer sensiblement les taux d'intérêt, notamment pour une France qui se trouvait pénalisée par la « mémoire des marchés », c'est-à-dire par la longue série de dévaluations du franc face au mark. Plus de crises monétaires comme celles de 1992-1993 ni d'humiliations qui avaient vu les spéculateurs défier les gouvernements européens. Qui ne se souvient du financier George Soros, enrichi à milliards pour avoir précipité les devises européennes hors de leur cours pivot, distribuant des leçons de politique économique du bord de sa piscine ?

C'est pourtant la principale réussite européenne, l'union monétaire, qui renferme les difficultés à venir et les menaces de désintégration. D'abord, contrairement aux prévisions, les divergences s'accroissent entre les membres de la zone, notamment dans le rythme de l'activité, avec une croissance qui varie considérablement d'un pays à l'autre. L'Espagne, par exemple, a aligné les records, tandis que l'Italie et l'Allemagne ont peiné ces dernières années pour retrouver une évolution positive. Les écarts d'inflation, également importants, s'alignent peu ou prou sur les différentiels de croissance. L'autre surprise tient à l'évolution du commerce extérieur. Avec la même monnaie, la France et l'Allemagne connaissent des destins tout à fait contraires. La France voit sa balance commerciale se détériorer de façon continue depuis 2000, principalement au sein de la zone euro, tandis que l'Allemagne dégage des excédents commerciaux croissants, de près de 200 milliards d'euros en 2007. Alors que les parts de marché international ont reculé, en dix ans, de 17 % pour la France et de 45 % pour l'Italie, l'Allemagne a augmenté la sienne de 5 %.

Le pari initial de l'Union tenait à la convergence progressive des économies adoptant la même monnaie. Les taux d'intérêt et de change étant identiques, tout comme le cadre budgétaire (défini par les fameux critères de Maastricht), on imaginait que les économies des Etats-membres se ressembleraient davantage et suivraient des politiques similaires. Il s'est passé exactement le contraire. En matière de compétitivité, l'Allemagne a réalisé d'importants efforts en diminuant les coûts salariaux, tandis que la France a dégradé la sienne avec les 35 heures – la détérioration du solde commercial français débute d'ailleurs au moment même de la réduction du temps de travail. Les concepteurs du projet ont été singulièrement imprudents, pariant sur la dynamique commune de la *peer pressure*, la surveillance réciproque. Dans la réalité, chacun est vite retombé dans ses travers dès que l'union monétaire a été mise en œuvre, malgré les avertissements réguliers de la Banque centrale, qui prêche dans le désert glacé de Francfort. Et les débordements de tel ou tel Etat, loin d'être punis comme le traité de Maastricht le prévoyait, servent plutôt à légitimer d'autres infractions à la règle commune. La surveillance réciproque ne fonctionne pas mieux au Conseil européen que dans une cour d'école. Car, pour reprendre la formule de Spinoza, chacun persévère dans son être.

L'Europe de 2008 est d'ailleurs plus spinozienne que celle de 1997, car l'euro a un inconvénient tout à fait paradoxal que personne n'avait prévu. Il a déresponsabilisé les gouvernements non vertueux, en débranchant l'alarme que déclenchaient les spéculateurs lors des crises monétaires. Soros et ses pairs, tout individualistes et avides qu'ils étaient, exerçaient ainsi une pression bénéfique sur les politiques économiques européennes. Dans les années 1980 et 1990, la France s'est montrée précautionneuse parce qu'elle craignait l'humiliation d'une dévaluation forcée. Aujourd'hui, il n'y a plus de menace parce qu'il n'y a plus de sanction immédiate contre une politique erronée. Mais la raison, ne pouvant se venger sur la finance, se rattrape sur l'économie réelle : déficit commercial, endettement, croissance moindre, chômage persistant, voilà comment se libelle désormais la facture. Les manifestations sont moins brutales que du temps de Soros, mais elles sont aussi beaucoup plus durables. Et plus regrettables.

Ce qu'on ne soupçonnait pas davantage, c'est que l'union monétaire, par son mécanisme même, aggraverait les différences entre les Etats. Auparavant, les variations de change, fussent-elles limitées par le système monétaire européen, amortissaient en partie les différences de compétitivité et les divergences de choix économiques. La détérioration momentanée du change jouait le rôle d'un pare-chocs, évitant aux entreprises une moins-value en chiffre d'affaires et les licenciements qui en découlaient. Aujourd'hui, plus de pare-chocs : l'écart de conduite se paye par de la tôle froissée, comme en témoigne le déficit commercial français.

La politique monétaire unique exacerbe les différences qui subsistent. Pour régler les taux d'intérêt à court terme, la BCE apprécie les conditions économiques de la zone en entier, tenant compte du poids relatif de chacune des économies nationales. Et elle parvient à une sorte de moyenne pondérée de l'activité des douze pays, à partir de laquelle elle durcit ou assouplit les conditions du crédit en euros. Dans le jargon communautaire, ce processus est appelé le *one size fits all*, ou taille unique. Il a les inconvénients d'un vêtement mal coupé, trop ample pour les petits, trop étroit pour les autres. Des taux d'intérêt « moyens » ne parviennent pas plus à ralentir la surchauffe en Espagne et en Irlande qu'ils ne suffisent pour raviver la croissance moribonde en Italie. Ce loyer de l'argent moyen accroît les disparités : l'Irlande poursuivait sa course trop vive jusqu'en 2007, tandis que l'Italie reste dans son marasme. Et toutes deux ont perdu le levier qui leur aurait permis de retrouver une allure convenable. L'outil monétaire a été émoussé. Les pays qui ont cultivé des spécialités industrielles de haute qualité – les fameuses machines-outils allemandes – ne souffrent pas d'un change élevé face au dollar, alors que ceux qui exportent des biens plus exposés à la concurrence – les non moins célèbres chaussures italiennes – perdent toute chance sur le marché international quand l'euro s'apprécie.

La Banque centrale européenne, interrogée sur ce grave inconvénient de la taille unique, rétorque que le problème se pose aussi aux Etats-Unis ou en Chine, les deux autres grandes zones monétaires unifiées, sans qu'on s'en émeuve. Il y a pourtant une différence très importante. Il s'agit de nations dotées d'une seule langue et d'un pouvoir central ou fédéral. L'unité linguistique permet la libre circulation des individus et des entreprises qui s'adaptent à la géographie de la croissance et de l'emploi, et ont même le loisir d'en profiter. Quant à l'unité politique, elle autorise le pouvoir central à effectuer des transferts budgétaires en prélevant les régions en plein boom pour alimenter les déficientes. Rien de tel en Europe.

Après sept ans d'expérimentation, l'Europe se trouve au milieu du gué, à une étape où le coût de l'intégration est plus élevé que les bénéfices qu'elle procure. Pour quitter cet état inconfortable, le seul moyen serait de progresser dans la voie de l'intégration. Mais le peut-on ? Il faudrait déjà terminer le marché unique. Or, les exemples abondent montrant que l'heure n'est plus à l'ouverture des frontières. La directive Bolkenstein d'abord, qui visait à libéraliser les services au sein de l'Union européenne, a soulevé un torrent d'indignation en France, bien sûr, où Jacques Chirac a violemment protesté, mais aussi en Allemagne. Pendant les débats précédant le référendum français au printemps 2005, ce projet a nourri tous les fantasmes à l'encontre de la construction européenne. Elle allait permettre au « plombier polonais » de prendre le travail des Français… L'ouverture du marché des services s'est bien effectuée, mais dans une version beaucoup moins libérale, qui contrevient à l'esprit des fondateurs de l'Europe. Car les Etats-membres n'acceptent plus de s'adapter pour ouvrir leurs frontières.

En matière de fiscalité, de même, la Commission a quasiment abandonné tout projet d'harmonisation devant l'hétérogénéité des systèmes en présence et l'impossibilité de mettre tout le monde d'accord. L'« espace unique » européen permet par exemple à la Belgique de pratiquer une fiscalité sur la personne très tolérante pour les résidents étrangers, aux frontières d'une France qui a au contraire la main lourde dans le domaine des impôts sur le revenu et le capital. La libre circulation des personnes devient par là même le vecteur de l'exode fiscal. Certains des nouveaux adhérents, l'Estonie en particulier, pratiquent une politique fiscale très agressive, dans l'espoir d'attirer les entreprises auxquelles ils proposent un impôt sur les bénéfices à zéro. La situation est encore plus hétérogène qu'il y a quinze ans, lorsque les Douze se préparaient au grand marché de 1992 et qu'ils rapprochaient leurs taux de prélèvements.

Approfondir l'Union, ce serait aussi mutualiser les outils de politique économique, une partie des budgets nationaux par exemple, pour la vouer à la recherche, la formation ou la création de pôles de compétitivité technologique. On imagine mal les Etats s'orienter dans cette direction, à l'heure où les budgets des grands pays sont fortement contraints par une progression de la dette nationale. Faut-il rappeler le destin pitoyable de la « déclaration de Lisbonne », faite en 2000, qui claironnait l'engagement de l'Europe à édifier une « société de la connaissance » et projetait de donner une forte accélération à ses politiques ? Rien n'a été seulement commencé, sinon quelques rapports en jargon administratif pour constater l'impéritie collective.

L'Europe est fatiguée d'elle-même, elle manque de l'envie de formaliser un nouvel objectif sur lequel concentrer les volontés. Pour expliquer cette dépression, on pourrait invoquer la médiocrité des hommes d'Etat. Celle de l'Allemand Gerhard Schröder, qui préférait à l'Europe la Russie où il fait des affaires personnelles. Celle de Jacques

Chirac qui, avec son référendum, a réédité au plan européen un de ses fiascos dont il était coutumier en France. Celle du Portugais José Manuel Barroso, président de la Commission, sur lequel on cherche quoi dire. Ces trois-là font pâle figure à côté des Kohl, Mitterrand et Delors. On pourrait invoquer aussi la médiocrité de la croissance économique dans les trois grands pays d'Europe continentale, qui a découragé les initiatives et nous a portés à nous replier sur nous-mêmes.

Mais la véritable raison de la panne est ailleurs. L'Europe se trouve paradoxalement victime de son succès. La chute du Mur, qui lui a donné une accélération temporaire, l'a aussi privée de sa raison d'être. Il faut revenir à la petite phrase de Chevènement évoquée plus haut. L'ancien ministre socialiste avait pressenti que l'effondrement des régimes communistes changerait la nature du projet européen originel, qui s'était en quelque sorte appuyé sur le mur de Berlin pour défendre l'Europe libre. Sans la partition de l'Europe, la finalité politique de l'Union, essentielle pour la survie du projet, s'évanouissait. L'afflux des candidatures a semblé, tout d'abord, la renforcer, pour finalement la dénaturer et la paralyser. La victoire de la démocratie et du libéralisme a été fatale à l'Europe. Car les nouveaux membres n'ont pas la même culture communautaire que les fondateurs, pas la même histoire. Le simple fait de passer de quinze à vingt-sept Etats complique terriblement le système de décision, faute de réforme institutionnelle. Jacques

Delors lui-même était parfaitement conscient de l'incompatibilité entre les deux mouvements : l'élargissement de l'Union ne peut se faire qu'au détriment de son approfondissement, disait-il à l'auteur lors d'une conversation au tout début des années 90. Et il avait aussitôt ajouté : « Mais l'histoire ne nous permet pas de choisir. »

L'Europe aborde donc le XXIe siècle sans autre perspective que de laisser s'affadir les désirs et péricliter les institutions de la génération des pionniers qui avaient vécu dans l'ombre portée de la Seconde Guerre mondiale. Alors que le cycle libéral se retourne et que se prépare le retour de la nation, elle semble comme un de ces sites industriels désaffectés, semés de machines rouillées par le temps dont on ne comprend plus l'utilité.

La France, qui a toujours été en pointe dans l'ingénierie européenne, porte une responsabilité partielle. Pas à cause de son « non » de 2005, qui n'est que le symptôme de la crise, et en aucun cas sa cause. Mais parce que ses débats sur l'Europe ne sont animés que par les jérémiades des hommes politiques répétant : « C'est la faute à Bruxelles. » Des grands candidats à l'élection présidentielle de mai 2007, seul François Bayrou portait la bannière bleu étoilée. Nicolas Sarkozy a multiplié les contradictions sur ce sujet comme sur tous les autres, alignant les contre-vérités sur l'« euro fort » et autres thèmes démagogiques. Quant à Ségolène Royal, elle n'évoquait l'Europe que pour l'assimiler à la mondialisation libérale. Tous les deux ressemblent bien à leur temps. Si l'on peut se féliciter de l'émergence d'une nouvelle génération en politique, on doit regretter qu'elle soit si ingrate vis-à-vis des efforts de ses prédécesseurs. Et si ignorante des dangers sans remède que provoque la mésentente des nations. A dire vrai, Nicolas Sarkozy a fort bien débuté son mandat au plan européen, avec ce traité simplifié qu'il a négocié avec nos partenaires. Mais l'état de grâce n'a pas duré. D'abord parce que les relations avec Angela Merkel, la chancelière fédérale allemande, sont médiocres. D'où le souhait d'équilibrer le tandem franco-allemand par une relation plus étroite avec Londres, tentation classique de la droite française lorsqu'elle arrive au pouvoir, jusqu'à ce qu'elle se rende compte qu'il n'est pas plus facile de traverser la Manche que le Rhin... La présidence française, au second semestre 2008, signera-t-elle un renouveau ? On peut en douter quand on sait que la France compte promouvoir alors son projet d'« union méditerranéenne », qui va encore élargir le périmètre sans pour autant résoudre la question du projet commun. Et qui n'intéresse pas grand monde en Europe.

Le retour des travers nationaux

Le retournement européen nous laisse en panne d'avenir, dans une situation très instable. Sans intégration plus étroite, l'euro sera mis à l'épreuve par les opinions publiques, en France particulièrement. Une monnaie unique pour une zone à ce point hétérogène ne saurait se maintenir sans coordination des politiques nationales, c'est-à-dire sans un pouvoir fédéral qui fasse pièce à celui de la Banque centrale européenne. Or, la création d'un tel « gouvernement économique » transnational est difficile à envisager aujourd'hui. Il est tard, alors que les thèmes nationalistes regagnent en puissance, à l'heure du patriotisme économique.

Sans un tel contrepoids, les rigidités de la zone euro vont devenir de plus en plus contraignantes. Et il n'est pas du tout invraisemblable que ce soit la France qui prenne l'initiative de faire éclater l'union monétaire. Car nous n'avons pas véritablement rompu avec notre culture de l'évitement. Du temps du franc, ce travers s'exprimait par des dévaluations successives, qui nous permettaient un financement en trompe-l'œil de notre « modèle social ». Aujourd'hui, la dévaluation étant interdite, ce sont les générations futures que nous facturons en accumulant de la dette publique. Depuis la dernière dévaluation face au mark, en janvier 1987, notre endettement a progressé de moitié en proportion du PIB. A son arrivée, Nicolas Sarkozy, fidèle à une tradition française bien malheureuse, a engagé quelque 14 milliards d'euros de dépenses supplémentaires (subvention des « heures sup' », déduction fiscale des emprunts immobiliers, etc.), spéculant sur un hypothétique « choc de croissance ». Des dépenses irréfléchies, toujours financées par un surcroît de dette, qui obèrent d'autant la marge de manœuvre pour l'avenir. L'équilibre des finances publiques, promis un temps pour 2007 par Lionel Jospin, puis pour 2010 par Dominique de Villepin, vient d'être repoussé à 2012 par le Premier ministre François Fillon : nous n'avons plus aucune marge de manœuvre pour faire face au ralentissement mondial sévère qui se profile. Contrairement aux Etats-Unis, au Royaume-Uni et à l'Espagne, nous n'avons pas profité d'une longue période de forte croissance qui aurait permis de rétablir les comptes, et qui autorise ces pays à lancer des plans budgétaires de soutien à l'activité. Si une véritable crise économique s'enclenche, à la suite de l'éclatement de la bulle financière, y aura t-il une autre option que de restaurer la souveraineté monétaire afin de retrouver une liberté d'action ?

Une telle aventure peut également se déclencher en Italie, qui n'a pas davantage rompu avec sa propre culture. Interdite de dévaluation, handicapée par une monnaie beaucoup trop forte pour son appareil industriel, l'Italie est aujourd'hui complètement entravée. S'il semblait difficile que Romano Prodi, ancien président du Conseil et figure européenne, mette son pays en congé de l'euro, son successeur devra considérer l'alternative mortifère qui se profile pour notre voisin méridional : la sortie de l'euro ou la lente asphyxie.

Pour l'Italie comme pour la France, il ne s'agit pas de fiction, mais de la simple poursuite des tendances en cours. Prolongeons encore le scénario. Le marché unique est mis à l'épreuve avec ces dévaluations, les uns et les autres multiplient les entraves au libre commerce, la rhétorique nationaliste s'emballe – il suffit de lire les discours électoraux de la campagne présidentielle française pour la voir poindre dès aujourd'hui. Par une de ces ruses dont l'histoire est féconde, l'union monétaire aura servi le désir d'intégration qui saisit l'Europe à intervalles réguliers, et potentialisé les effets du retournement. Exactement comme le bloc-or des années 1925-1935. Le « Vieux Continent » serait alors dans une situation très proche de celle qu'il a connue avant guerre. Prêt pour l'aventure nationaliste.

3

La géopolitique : de l'ordre au chaos

Tandis que le krach financier se propage et que l'Union européenne est en panne, les facteurs d'instabilité géopolitiques planétaires ont aussi augmenté sensiblement, en nombre et en ampleur, depuis plusieurs années. Cette rapide désarticulation de l'ordre international élaborée il y a soixante ans s'est opérée sous l'effet de trois puissantes évolutions.

Le déclin des « machins »

La plupart des organismes internationaux existants ont été créés au sortir de la Seconde Guerre mondiale, pour prévenir l'apparition de nouveaux conflits économiques ou militaires, pour étayer le système financier international et pour écarter les troubles extraordinaires qui avaient assombri la première moitié du siècle, de 1914 jusqu'à 1945 : les deux guerres et la Grande Dépression. Cet attirail a fonctionné tant bien que mal durant la guerre froide, jusqu'à connaître son apogée dans les optimistes années 90. Durant cette décennie, fut mis sur pied le dernier-né de ces « machins », l'Organisation Mondiale du Commerce (OMC), installée à Genève sur les ruines du GATT (General Agreement on Tariffs and Trade), en vue de créer un forum de la mondialisation économique. Aujourd'hui les gouvernements manifestent une insoumission à leur autorité de plus en plus fréquente, qui fragilise la régulation mondiale.

L'ONU tout d'abord s'est trouvée décrédibilisée par la première puissance mondiale, les Etats-Unis, décidés à renverser Saddam Hussein. Le parallèle entre les deux guerres d'Irak, évoqué dans le précédent chapitre, marque également la perte d'influence des Nations unies. En 1991, le conflit avait été précédé de l'invasion du Koweït par les forces irakiennes, au mépris de la loi internationale. George Bush père et James Baker, son secrétaire d'Etat aux Affaires étrangères, avaient mis un soin vigilant à construire une coalition internationale mandatée par l'ONU. Douze ans plus tard, la situation était radicalement inverse. Non seulement les Etats-Unis ont agi sans mandat onusien, mais les inspecteurs internationaux chargés de trouver les armes de destruction massive, preuves de la menace irakienne, sont rentrés bredouilles de Bagdad. Si les pacifistes européens, France en tête, ne sont pas exempts de reproches, il n'en reste pas moins qu'il s'agissait bel et bien d'une guerre américaine, affranchie de l'aval international pourtant jugé indispensable en 1991. Les Nations unies se remettront-elles d'un tel déni et sauront-elles encore peser sur les relations internationales et la résolution des conflits ? Comment faire respecter l'Organisation si la première puissance mondiale l'ignore au profit de ses intérêts nationaux ? Du reste, les débats sur l'attribution des sièges permanents au Conseil de sécurité, qui faisaient rage dans les années 90, se sont éteints au fur et à mesure que l'enjeu perdait de son intérêt. L'Inde, le Brésil, l'Allemagne ou le Japon ne paraissent plus très acharnés à obtenir un strapontin au cœur d'une organisation sur le déclin.

Le Traité de non-prolifération, destiné à contenir la menace nucléaire en interdisant la dissémination de la bombe, se trouve également fort mal en point, contesté par la Corée du Nord, qui veut, malgré ses dénégations, se doter de l'arme nucléaire et semble en voie d'y parvenir – Pyongyang a réalisé un essai souterrain à la fin 2006. Il est attaqué par les initiatives de l'Iran, qui inquiètent assez la communauté internationale pour qu'aient été déclenchées des enquêtes de l'Agence internationale de l'énergie atomique. Là encore, l'attitude des Américains est très ambiguë : ils condamnent évidemment ces deux pays, mais s'accordent avec l'Inde – qui n'a jamais signé le TNP – pour lui ouvrir le chemin vers le nucléaire. Même si l'Inde est une démocratie depuis plusieurs décennies – ce qui n'est pas le cas des deux autres pays –, il y a bien deux poids, deux mesures, et Washington affirme sans ambages en détenir l'étalon. Depuis l'entrée en vigueur du traité, en 1970, les deux superpuissances contrôlaient le nucléaire chacune dans son camp, usant tantôt du bâton, tantôt de la carotte. L'incitation à acquérir une arme était de surcroît relativement faible dans un monde bipolaire, dominé par deux grandes alliances militaires. Elle a considérablement augmenté depuis que le monde a éclaté et que la superpuissance n'assure la sécurité que lorsque ses intérêts nationaux immédiats sont visés.

Le désarroi n'est pas moins grand à la tête de l'OTAN, (Organisation du Traité de l'Atlantique-Nord), alliance militaire naguère opposée au pacte de Varsovie communiste, aujourd'hui en quête de raisons d'être et de périmètre stabilisé. Le sommet de l'OTAN, les 28 et 29 novembre 2006, à Riga, a porté la confusion à son maximum, rapporte François Heisbourg[1]. Certains des participants souhaitaient assigner à l'organisation un nouvel objectif – la sécurité énergétique – avec les moyens militaires nécessaires pour la garantir. D'autres voyaient en l'OTAN une sorte d'association de bienfaisance chargée de la reconstruction des pays dévastés par un conflit ou en transition vers la démocratie, comme l'Afghanistan. Telle est la vision du secrétaire général, Jaap de Hoop Scheffer. D'autres auraient bien vu l'OTAN jouer un rôle proche de celui des Nations unies, plus politique, regroupant toutes les démocraties… « L'alliance atlantique est travaillée par de profondes différences d'appréciation sur les grands problèmes du moment : crises du Moyen-Orient, relations avec la Chine, énergie et limitation des gaz à effet de serre..., note le spécialiste des relations internationales[2], sans parler des incertitudes quant à la pertinence du cadre euro-atlantique comme lieu de prise de décision et d'organisation du monde à l'ère de la mondialisation. »

L'intention de Nicolas Sarkozy de rejoindre les rangs du commandement intégré de l'OTAN, annoncée début avril 2008, ne clarifie pas les choses. Il s'agit, selon le président français, de se lier davantage à la « famille occidentale », pour reprendre les termes de son discours du 18 janvier 2008. Sarkozy croit pouvoir faire ainsi avancer la défense européenne. C'est, pour le moins, un pari. Car le centre de gravité stratégique de l'OTAN se trouve aux Etats-Unis, même si son siège est à Bruxelles.

Etrangement, cet affaissement des organismes de régulation politique a éloigné l'un de l'autre les deux pôles occidentaux, Etats-Unis et Europe. Le pôle américain se focalise sur la défense militaire de ses intérêts et de ses valeurs, comme on l'a vu lors de la deuxième guerre d'Irak. C'est d'ailleurs au nom de ces intérêts nationaux que l'Amérique a outrepassé l'ONU ou quitté le traité qui proscrit les armes bactériologiques et chimiques. Au contraire, l'Europe continentale se complaît dans une sorte d'angélisme pacifiste. Cette incompréhension mutuelle n'est pas une affaire de caractères individuels – en France, on l'attribue à tort à la personnalité de George W. Bush –, mais s'explique par des divergences de plus en plus marquées sur le monde et les dangers qu'il recèle. Les attentats du 11 septembre ont aggravé la rupture. Pour Robert Kagan, spécialiste des relations internationales qui a analysé récemment la relation transatlantique dans la *Policy Review*[3], « il est temps de cesser de dire que les Européens et les Américains partagent une même vision du monde, ou même qu'ils habitent dans le même monde. [...] L'Europe se détourne du pouvoir. [...] Elle vit dans un paradis posthistorique de paix et de relative prospérité, la réalisation de la "paix perpétuelle" de Kant. Pendant ce temps-là, les Etats-Unis, restent englués dans l'Histoire, exerçant leur pouvoir dans le monde anarchique de Hobbes où l'on ne peut se fier aux lois communes, et où la vraie sécurité et la défense de l'ordre libéral sont subordonnés à la détention et l'exercice du pouvoir militaire. C'est pour cela que sur les questions stratégiques majeures d'aujourd'hui, les Américains viennent de Mars tandis que les Européens viennent de Vénus ». Pourquoi les Européens sont-ils si réticents à utiliser le pouvoir militaire pour défendre leurs valeurs, eux qui ont souffert plus que quiconque de les voir disparaître entre les deux guerres ? Par quel mécanisme ont-ils refoulé le souvenir des catastrophes au fond de leur conscience collective ? Kagan donne à cette question une réponse peu convaincante, et ne fait que décaler l'interrogation : les « vénusiens » n'ont pas les moyens militaires d'une politique de puissance et se voient donc réduits à la tactique des faibles, la diplomatie, tout en déléguant leur sécurité militaire à l'Amérique. Resterait à comprendre pourquoi les gouvernements européens n'ont pas suffisamment investi dans leur armée.

En matière de régulation économique mondiale, le bilan est moins noir, parce que les réunions semestrielles du G8 assurent un échange de vues régulier entre les ministres des Finances, et surtout entre les banquiers centraux de la planète. Par une étroite coopération, ils sont à même d'amortir partiellement les violentes fluctuations que connaissent les marchés financiers. L'impact d'un communiqué commun est assez efficace pour qu'aucun spéculateur ne prenne un pari contre les banques centrales unies et résolues. Les opérateurs ont appris à décoder les formules des grands argentiers et il s'établit un échange de signes qui n'existait pas avant guerre, parce que les responsables de la politique monétaire ne se concertaient que fort rarement. Toutefois, certaines dissensions demeurent, source de profits substantiels pour les spéculateurs. Et si les banques centrales peuvent calmer une panique momentanée – lors de la faillite du fonds LTCM en 1998, par exemple, ou après les attentats de New York, ou encore la faillite de Bear Stearns en 2008 –, leur action est très réduite sur les gigantesques déséquilibres que nous avons évoqués au premier chapitre. Le déséquilibre du commerce transpacifique, l'endettement des ménages américains ou la détérioration des banques chinoises sont en effet causés par l'économie réelle, et non par la spéculation financière.

Le bulletin de santé de l'Organisation mondiale du commerce est moins satisfaisant. La vaste assemblée chargée de favoriser le commerce mondial et de trancher les innombrables différends qu'il suscite s'est dotée d'un objectif : conclure le « cycle de Doha » défini en 2001, qui porte en particulier sur la libéralisation des échanges agricoles et des services, ces deux sortes de biens étant encore fortement protégés par des tarifs douaniers et des réglementations nationales qui sont autant d'entraves au commerce. Les négociations devaient aboutir en 2006, mais les dissensions l'ont empêché, en particulier sur le dossier agricole où l'Europe ne veut pas renoncer au protectionnisme qui sous-tend la politique commune. Le bloc des pays émergents, gros exportateur de produits agricoles, pèse en effet de plus en plus dans ce forum, et il n'est pas disposé à céder devant les pays riches qui veulent protéger leurs agriculteurs.

Bref, l'appareil de régulation issu de l'après-guerre ploie sous les forces naissances du XXIe siècle : irrédentisme des Etats dans un monde sans alliances, montée en puissance des pays émergents dans le concert mondial, irruption d'un terrorisme international. Même l'apparition de la question environnementale, liée au changement climatique, ne parvient pas à ressouder la communauté internationale sur un programme commun d'action, ce que soulignaient les experts du 38e forum de Davos, en janvier 2008.

L'accélération de la mondialisation entamée il y a dix ans aurait exigé un nouveau cadre de régulation. Sous l'emprise d'un optimisme très précaire, la communauté mondiale a préféré s'appuyer sur les institutions existantes. Elles montrent aujourd'hui leurs limites.

Une Alsace-Lorraine en Asie orientale

« L'Asie sera au XXIe siècle ce que l'Europe a été au XXe siècle : l'épicentre des affaires stratégiques et non seulement celui des affaires tout court. » Le pronostic de Thérèse Delpech[4] s'appuie sur une évidence trop souvent oubliée : si les questions économiques et géopolitiques de tout temps se sont entremêlées, c'est qu'on se bat d'abord pour le contrôle des richesses. Selon toute probabilité, la Chine sera donc l'origine ou le foyer de violentes tensions dans le siècle qui s'ouvre.

Inutile de rappeler l'augmentation du poids qu'occupe le pays : elle sera l'année prochaine la quatrième économie de la planète, dépassant l'Allemagne. Son insertion spectaculaire dans le commerce international – plus de 1 000 milliards de dollars d'exportations durant la seule année 2007 et 1 300 milliards de réserves de change début 2008 – ne fait que renforcer son influence. Politiquement, son émergence suscite des risques importants. Des conflits régionaux tout d'abord : les différends territoriaux avec les pays voisins se multiplient, s'ajoutant aux rancunes charriées par l'histoire, en particulier contre le Japon. Le danger est d'autant plus grand que l'Asie n'a pas fait le travail de mémoire et d'explication réciproque que l'Europe a entrepris dans les années 50, qui a permis chez nous d'apaiser les esprits. Elle n'a pas non plus élaboré de projet régional capable de réduire les antagonismes, comparable à celui de l'Union européenne. Le souvenir des atrocités commises par les Japonais durant la Seconde Guerre mondiale demeure toujours dans la Chine d'aujourd'hui et alimente un nationalisme déjà vigoureux et parfois agressif.

Le point critique n'est pas le Tibet, mais le détroit de Taïwan, qui sépare l'île chinoise indépendante de la Chine continentale. Taïwan, après avoir été le refuge des opposants aux communistes qui avaient pris le pouvoir à Pékin en 1949, a connu une existence prospère et de plus en plus démocratique, sous la protection de la VIIe flotte américaine. Les liens commerciaux et financiers entre les deux Chines, libéralisés à la fin des années 80, sont importants, puisque Taïwan est le premier investisseur « étranger » sur le continent (hors Hongkong). Mais l'animosité ne s'est pas éteinte entre les deux gouvernements. La petite Chine caresse un rêve d'autonomie, sinon d'indépendance durable, tandis que la grande projette la « réunification », manifestant une affection fraternelle et carnassière. Les dirigeants de Pékin se plaisent à répéter que Taïwan est l'Alsace-Lorraine d'aujourd'hui : un territoire qui revient de droit à la Chine, mais dont elle est privée par la faute de puissances étrangères. La concentration d'armements sur les rives du détroit est l'une des plus élevées au monde. Pékin menace de s'impatienter devant les provocations taiwanaises. En ce cas, les risques d'un conflit impliquant les Américains seraient très importants.

Les risques ne se limitent pas à la région d'Asie orientale. La Chine a des ambitions qui dépassent largement le bassin pacifique, comme le soulignait déjà en 1997 un livre de Richard Bernstein et Ross Munro[5], annonçant une guerre avec la Chine. Pays le plus peuplé de la planète, en passe d'être la première économie mondiale, ayant massivement investi dans les armements, la Chine suit une trajectoire conduisant à la collision avec l'autre superpuissance, les Etats-Unis. Cette volonté de puissance, aiguillonnée par un sentiment de supériorité bâti sur l'immensité du territoire et l'ampleur de l'histoire nationale, trouvera à s'exprimer dans les années qui viennent sur des questions territoriales, géopolitiques ou sur l'approvisionnement en énergie, question cruciale pour ce pays qui n'est pas autosuffisant. « La Chine ne se contentera pas d'un rôle régional, contrairement à l'Europe d'aujourd'hui. Elle se prépare depuis des années à remplacer l'URSS dans son rôle de superpuissance face aux Etats-Unis et met beaucoup de détermination et d'intelligence dans cette entreprise », analyse Thérèse Delpech.

L'industrialisation du pays, d'une rapidité sans équivalent dans l'histoire mondiale – le Shanghaïen moyen a vu son revenu multiplié par cinq en quinze ans –, produit des effets contradictoires. Côté positif : elle stabilise le régime en créant une sorte de classe moyenne dont les aspirations sont peu différentes de celle d'un Européen moyen. De plus, elle crée une dépendance réciproque avec l'Occident, matérialisée par des liens financiers et commerciaux qui devraient inciter la Chine à la prudence dans la conduite de ses intérêts.

Côté négatif, en revanche : cette révolution industrielle exerce une formidable tension sur la société chinoise, bouleversant sa hiérarchie et ses valeurs, chamboulant la place des générations et mettant à l'épreuve le système politique lui-même, au point de ranimer le nationalisme et de déclencher une régression identitaire aux conséquences imprévisibles. La conjonction de déséquilibres économiques causés par le surinvestissement (voir chapitre premier), d'une structure sociale et familiale brutalement bouleversée, d'un nationalisme latent et d'un contexte régional tendu fait de la Chine un pays véritablement explosif. La prochaine rupture mondiale pourrait être due à une crise de l'émergence chinoise, tout comme celle des années 30 résultait de l'émergence américaine.

Le reflux de la mondialisation

La mondialisation a fortement progressé depuis quinze ans dans tous les secteurs : commerce international, flux de capitaux transfrontières, transport de voyageurs, migrations humaines. En 2006, les échanges commerciaux internationaux avaient dépassé pour la première fois le seuil des 30 % du PIB mondial. Selon l'opinion le plus communément répandue, il s'agit d'un phénomène irréversible, imposé par le progrès des technologies de communication et la baisse du coût des transports. C'est une erreur, qu'il faut corriger si l'on veut comprendre les temps qui s'annoncent.

D'abord, on constatera que les échanges suivent la croissance de la planète. Lorsque celle-ci est positive, ils progressent, amplifiant même le mouvement. En 2004 et 2005, lorsque l'activité mondiale approchait 4 % l'an, les échanges de biens ont augmenté respectivement de 9 et 6 %. A l'inverse, lors de la récession américaine de 2001-2002, la croissance du commerce a considérablement ralenti. Mécaniquement, une crise économique sérieuse ferait chuter les échanges. La consommation des ménages et des entreprises diminuerait *de facto* et la production de biens elle-même, liée aux achats de matières premières et de pièces détachées, s'affaiblirait, entraînant la baisse du commerce international. D'autre part, une société en crise a toujours le réflexe de fermer ses frontières aux hommes et aux marchandises, par crainte d'une concurrence qui aggrave la récession. On a vu avant guerre, avec l'installation du tarif Smooth-Harvey aux Etats-Unis en février 1930, l'Import Duties Act au Royaume-Uni et les nombreuses mesures protectionnistes prises par la France avant son retrait du bloc-or sous l'impulsion du gouvernement Blum, en 1936. On l'a encore vu en 1997-1998 lors de la violente crise asiatique. Après la brutale dévaluation du ringgit – la devise de Malaisie –, le Premier ministre Mahatir a fermé les frontières, rétabli le contrôle des changes et dénoncé un complot de la finance internationale.

Enfin, si la technologie est l'instrument de la mondialisation et la croissance son moteur, la tolérance de la société à l'ouverture est décisive. Dans les phases d'optimisme et de sécurité relative, les sociétés acceptent le libéralisme et l'ouverture, malgré leurs inconvénients. A l'inverse, elles se ferment dès que la croissance faiblit et que le chômage augmente.

Dans le passé, l'économie mondiale a déjà connu des phases de très forte intégration. Nous les avons oubliées. Ecoutons Keynes évoquant la vie d'un homme aisé à la veille de la Première Guerre mondiale : « L'habitant de Londres pouvait, en dégustant son thé du matin, commander par téléphone les produits les plus variés de la terre, dans les quantités qu'il souhaitait, et en attendre la livraison prochaine à sa porte. Par téléphone encore, il pouvait engager sa fortune dans les matières premières ou les entreprises de tout point du globe, et profiter sans la moindre inquiétude des perspectives fructueuses ainsi offertes. [...] Il avait le loisir de projeter un voyage qui l'aurait conduit en tout pays ou climat, avec des moyens de transport confortables et bon marché, sans passeport ou autre formalité. Il pouvait envoyer l'un de ses domestiques à une agence bancaire proche pour faire quérir la quantité d'argent qui lui semblait nécessaire, et partir ensuite dans un pays étranger sans la moindre connaissance du langage, de la religion et des coutumes locales, portant sa richesse sur lui. Et il aurait été fort contrarié et surpris du moindre contretemps[6]. » Ainsi le début du XXe siècle connaissait des libertés fort proches des nôtres, avant que les sociétés, traumatisées par les guerres et les crises, se pétrifient devant le commerce international ou les migrations humaines.

A l'époque décrite par Keynes, le télégraphe permettait déjà la circulation instantanée de l'information et de l'argent à travers le globe. Or, ces technologies n'ont pas empêché des crises militaires et économiques profondes d'éclater, pas plus que l'Internet ne nous évitera demain de fermer les frontières aux biens, aux capitaux et aux hommes en cas de rupture financière et économique sérieuse. L'ouverture d'une société à l'étranger n'a rien de préétabli, elle subit de fortes accélérations et de brusques inflexions, dont la technologie ne protège en rien.

Le vaste mouvement de mondialisation libérale entamé dans les années 80 semble justement avoir atteint un palier parce que, victime de lui-même, il alimente un double ressentiment. Tout d'abord celui des exclus du paradis économique. Leur amertume est d'autant plus vive qu'une information accessible universellement impose aux oubliés le spectacle bruyant des privilégiés qui, eux, ont accru leur niveau de vie. « C'est toujours dans l'égalisation des conditions que se trouve la racine des désordres à venir. Il n'y a là aucune lamentation sur la mondialisation, plutôt la reconnaissance que les passions démocratiques étant devenues universelles, même si les régimes ne le sont guère, cette universalisation est porteuse de mouvements révolutionnaires d'un nouveau type, dont le terrorisme n'est qu'une manifestation », analyse Thérèse Delpech[7]. L'énergie produite par le ressentiment est considérable, et l'on peut lui attribuer les attentats du 11 septembre 2001 qui ont frappé le centre symbolique du capitalisme mondialisé.

Au sein même de nos sociétés, la mondialisation nourrit aussi une amertume chez ses victimes qui ne se traduit plus seulement par les manifestations criardes tentant de bloquer les réunions annuelles du Fonds monétaire. Elle provient des classes moyennes, au moins des contingents qui ont vu leur sort stagner, voire se détériorer. Aux Etats-Unis, l'augmentation du salaire moyen a été inférieure de moitié à la croissance de la productivité, depuis 2001[8]. En France, les rémunérations moyennes réelles n'ont progressé que de 12 % durant les vingt dernières années, soit trois fois moins vite que durant les décennies qui ont suivi la guerre. De quoi s'interroger sur les bénéfices de la mondialisation : où sont-ils passés ? Une question d'autant plus légitime que pendant la même période, les profits des entreprises mondialisées se sont envolés – avec une progression annuelle à deux chiffres –, tout comme le salaire des patrons. En 1989, *Le Canard enchaîné* avait provoqué un scandale en publiant la déclaration de revenus de Jacques Calvet, patron de PSA, qui révélait un salaire annuel de 2 millions de francs, considéré à l'époque comme ahurissant. Le salaire moyen des Calvet d'aujourd'hui approche 4 millions d'euros annuels, soit quinze fois plus. Stephen Roach, *chief economist* de Morgan Stanley, note que dans les pays développés, la part des salaires dans la valeur ajoutée est tombée au niveau historiquement bas de 53,7 % à la mi-2006, tandis que la part des profits était à son zénith, 15,6 % [8]. Une évolution certes beaucoup moins marquée en France qu'ailleurs.

Deux phénomènes aggravent ce constat. Les délocalisations, d'abord. Selon les calculs des économistes, ceux de l'Américain Paul Krugman en particulier, leur impact sur l'emploi dans les pays développés est assez faible : les transferts causeraient moins de 5 % des destructions d'emplois dans l'industrie. Mais elles créent un traumatisme économique et social dans les régions qui en sont victimes, d'où leur impact dans l'opinion. Du reste, Paul Krugman a reconsidéré tout récemment ses calculs, dans un article qui a fait un certain bruit en avril 2008. Il y revoyait sensiblement à la hausse le coût réel des délocalisations. De plus, elles ont tendance à s'accroître, sous l'effet de plusieurs facteurs recensés par Patrick Artus[9] : l'écart des coûts salariaux entre nos pays riches et les autres perdure, surtout avec un euro fort ; les pays émergents eux-mêmes montent en gamme et nous font une concurrence sur les produits à forte valeur ajoutée ; l'offre des entreprises se déplace naturellement dans les pays à forte croissance... Après l'industrie, désormais, les services (informatique, banque, call-centers) se transfèrent dans les régions du globe qui associent un bon niveau de formation et des salaires plus faibles que chez nous, d'autant que les coûts de télécommunication sont désormais négligeables. Le mouvement n'est donc pas près de s'interrompre.

L'autre phénomène est plus récent : l'acquisition d'entreprises par des intérêts non nationaux, et même par des capitaux des pays émergents. Ces mouvements ne sont pas très importants, mais chaque acquisition – celles du sidérurgiste européen Arcelor par exemple, en 2006, par le groupe d'origine indienne Mittal – contient une forte charge symbolique, parce qu'elle donne le sentiment que nous perdons le contrôle de la production et de l'emploi. Il faut le savoir : les flux d'investissements en provenance d'Inde et de Chine vont s'intensifier, avec des rachats d'entreprises dans les secteurs où ces pays montent en puissance, l'électronique, les télécommunications, les services informatiques. L'importante épargne chinoise – 50 % du PIB au total, l'un des taux les plus élevés au monde – devrait aussi s'investir sur les marchés financiers internationaux dans les années qui viennent, et s'inviter au capital des entreprises occidentales.

Ce mouvement a toutes chances d'être amplifié avec l'apparition des « fonds souverains ». Il s'agit d'investisseurs publics qui disposent d'énormes sommes d'argent, provenant soit des réserves de change (c'est le cas du fonds chinois, China Investment Corporation, supervisé par la banque centrale de Pékin), soit des ventes de pétrole (dans les Etats du Golfe et en Norvège) ou de matières premières. Servis par une conjoncture éblouissante pour les produits miniers et énergétiques, ces fonds disposent de quelque 2 500 milliards de dollars au total et ont multiplié les investissements au capital d'entreprises occidentales. Dans les banques américaines notamment, victimes des « subprimes » et désireuses de se recapitaliser. Mais aussi au capital de grandes entreprises comme le français Total. Jusqu'ici, ces intrusions sont amicales et de faible ampleur. Elles n'ont, semble-t-il, qu'une finalité d'investissement de « père de famille ». Mais elles suscitent déjà de fortes inquiétudes, parce qu'elles sont le fait de sociétés parapubliques, qu'on imagine déterminées aussi par les considérations stratégiques de leurs actionnaires, les gouvernements qatari, koweiti ou singapourien. Outre-Rhin par exemple, le gouvernement projette de faire voter une loi bloquant à 25 % du capital tout investissement de ce type dans une entreprise allemande.

La clientèle de l'antimondialisation progresse donc, dans le grand public et même dans les cercles plus informés, pourtant réputés plus favorables à l'ouverture. Et les gouvernements en tiennent compte dans leur politique. On voit poindre, çà et là, le retour d'un protectionnisme revendiqué. Comment interpréter autrement la renaissance du « patriotisme industriel » de Dominique de Villepin et de Thierry Breton, qui ont tenté de protéger les intérêts économiques nationaux avec une habileté de Pieds nickelés ? Le ministre des Finances Breton, patron lui-même et naguère défenseur du libéralisme, s'était ainsi opposé de façon grossière, début 2006, à l'OPA des Indiens de Mittal sur Arcelor, fleuron de la sidérurgie européenne, au motif que cette opération contrevenait à la « grammaire des affaires[10] ». Des déclarations impensables il y a encore cinq ans. Durant la campagne électorale française, les candidats ont multiplié les appels pour établir une « protection » aux frontières de l'Europe. « Dans la démocratie européenne, le mot "protection" ne doit pas être banni, déclarait encore le président Sarkozy à Strasbourg, le 13 novembre 2007, si nous voulons un jour que les peuples ne soient pas exaspérés d'être victimes de la concurrence déloyale et des dumpings (...), alors nous devons avoir le courage de débattre de ce que doit être une véritable préférence communautaire. » Il est probable que ces initiatives se multiplient dans les prochaines années sous l'effet d'une mondialisation où l'empreinte des nouveaux pays industrialisés sera plus forte. Tant que celle-ci était dominée par le camp occidental, Etats-Unis en tête, nous pouvions nous résoudre à supporter les avanies qu'elle faisait subir à l'orgueil national. Dès lors qu'elle consacre l'ascension de la Chine ou celle de l'Inde, il nous faudra ressortir la ferblanterie patriotique.

Si le mouvement est exacerbé en France, il s'amorce aussi dans d'autres pays réputés beaucoup plus enclins au libéralisme que le nôtre, les Etats-Unis en particulier. Le German Marshall Fund a publié récemment une enquête montrant que plus de 50 % des Américains souhaitent qu'on protège les entreprises nationales d'une prise de contrôle par des intérêts étrangers[11]. Stephen Roach a de son côté recensé vingt-sept lois américaines récentes visant à limiter les exportations chinoises aux Etats-Unis. La majorité démocrate au Congrès, élue en novembre 2006, semble encore plus vigilante sur le sujet. Le pendule est en train de passer d'un extrême à l'autre, estime l'économiste américain : à la mondialisation et ses « bénéfices théoriques », succède la direction de la « localisation », dominée par les intérêts nationaux. « Je ne prédis pas l'effondrement de la mondialisation, poursuit Roach, mais je pense qu'un recul partiel est imminent, sous l'influence des hommes politiques de gauche dans les pays industrialisés et de leur indignation devant les disparités extraordinaires qui sont apparues entre la rémunération du capital et celle du travail[12]. » Toute la question, conclut-il, est de savoir jusqu'où le pendule va aller dans sa trajectoire rétrograde.

Krach financier, tensions croissantes en Europe, crise de la régulation internationale avec apparition de nouveaux risques, ces trois éléments dessinent un environnement qui contraste avec l'euphorie des années « Boucle d'or », alors que la chute du rideau de fer provoquait une puissante onde libérale. A l'examen, les similitudes avec l'entre-deux-guerres européen sont nombreuses. Là aussi, le pendule avait changé sa course, passant de l'optimisme à l'inquiétude, de l'intégration économique au repli national.

Conclusion

« Cette fois-ci, ce n'est pas la même chose »

Dans les facteurs qui ont précipité la descente aux Enfers de l'Europe des années 30, la guerre de 1914-1918 a joué un rôle important, parce qu'elle avait été conclue par un traité de paix qui humiliait la puissance vaincue, l'Allemagne, et lui interdisait de se relever. Rien de tel aujourd'hui. Il n'y a pas davantage de régimes fascistes en Europe comparables aux déclencheurs du second conflit mondial.

Au plan économique aussi, on pourrait pointer des différences. A l'époque du « Jeudi noir », les responsables des grands pays ne se connaissaient pas et ne se parlaient que peu, ce qui a rendu très problématique le traitement de la crise financière. Aujourd'hui, la concertation est permanente entre les banquiers centraux et les gouvernements. Cela n'a pas suffi à éviter la correction, mais cela peut limiter ses conséquences sur l'économie réelle.

Enfin, l'histoire ne joue jamais deux fois le même coup. Ce serait lui faire injure de penser qu'elle mène le monde comme ces architectes qui dessinent de fausses fenêtres sur les façades pour respecter la symétrie.

Pourtant, dans la comparaison avec les années 30, ce ne sont pas les différences, mais les similitudes qui importent, quelle que soit la part qu'elles ont prise dans l'enchaînement fatal, parce qu'elles nous questionnent sur le monde d'aujourd'hui. Elles permettent, sinon de comprendre, au moins d'éclairer l'étrange simultanéité des retournements que nous vivons aujourd'hui, alors que l'onde libérale qui a porté le développement du monde dans les dernières décennies semble s'épuiser.

Nul doute que cette puissante vague n'ait asservi à son objectif les technologies de l'information. La télévision d'abord, les télécommunications ensuite, qui ont été de formidables vecteurs d'émancipation libérale. Ils ont rapidement corrodé les fondements traditionnels de la vie en société et ceux des pouvoirs politiques. C'est l'invention de l'antenne de télévision parabolique qui a fait tomber le mur de Berlin, en 1989 : les citoyens de l'Est, dès lors qu'ils pouvaient se comparer aux Occidentaux grâce à l'information, ne pouvaient que secouer leurs chaînes et renverser les régimes communistes. L'arrivée d'Internet, quelques années plus tard, a décuplé l'énergie libérale sur la planète entière. Elle a abaissé les frontières et relancé une nouvelle phase de mondialisation. D'où la prospérité inouïe, aux Etats-Unis bien sûr, mais aussi dans les pays émergents qui sont sortis de l'ornière dans laquelle l'après-guerre les avait poussés, avec une croissance approchant les 10 % annuels. D'où aussi la spéculation financière, un moment interrompue par le faux krach de 2000, qui avait repris une vigueur inquiétante jusqu'à l'été 2007. D'où encore la progression des théories économiques libérales et le triomphe universel de ce qui n'est probablement qu'une mode touchant à sa fin, l'idéologie du tout-marché. D'où enfin l'extension de la démocratie, en Europe bien sûr, mais aussi en Asie et en Afrique. En 2004, le nombre de régimes démocratiques avait atteint un niveau sans précédent. C'est l'année 1926 qui détenait le précédent record en la matière, alors que les espoirs de paix durable avaient repris corps. Alors que croissance, mondialisation et spéculation financière s'emballaient, tirées par la révolution technologique de l'époque, dans un climat de libéralisme intense, avant la plongée dans le doute, la tentation autoritaire et la guerre.

Comme si la vie des sociétés était scandée par de grands cycles de plusieurs décennies où alternent liberté et retour à la régulation, libéralisme et interventionnisme. Comme si nous expérimentions une forme d'organisation jusqu'à l'excès, pour inverser ensuite la tendance. Comme s'il nous était impossible de régler de façon définitive les rapports entre l'homme et la société, et que n'ayons trouvé à ce problème qu'une solution provisoire, dans l'oscillation entre notre nature profonde qui veut faire triompher l'individu et la raison qui nous enjoint de nous soumettre à la loi collective.

L'histoire des sociétés serait alors une lutte incessante entre le « ça » et le « surmoi », pour reprendre les concepts de la psychanalyse freudienne, désignant les deux polarités qui écartèlent l'individu. Une opposition impossible à stabiliser, où le rapport de force bascule lentement, dans laquelle l'expérience ne sert guère pour trouver l'impossible voie du milieu, puisque le cycle a peu ou prou la durée d'une vie humaine. Nous serions donc condamnés à nous démarquer de nos parents – qui avaient inauguré le cycle libéral – pour reproduire les erreurs de nos grands-parents.

Si le cycle se retourne régulièrement, c'est qu'il est victime de lui-même, comme étouffé par ses propres excès. En matière économique, le Prix Nobel Joseph Stieglitz, après avoir été libéral lui-même, a montré récemment que le système suscitait ses propres vulnérabilités, tout comme Patrick Artus et Marie-Paule Virard dans *Le capitalisme est en train de s'autodétruire*. Une telle prise de conscience est intervenue également dans les années 1930, après les excès de la décennie précédente et la crise économique qui en est résultée. « Le libéralisme est mort ; il a été tué, non par la volonté des hommes ou à cause d'une libre action des gouvernements, mais par une inéluctable évolution interne », disait ainsi Auguste Detœuf, l'un des patrons français les plus influents, lors d'une conférence devant le groupe d'économistes X-crise le 1er mai 1936. « Le libéralisme a fait des merveilles, poursuivait-il, il a enrichi le monde de telle façon que certainement nul autre système n'aurait fait, de loin, aussi bien », mais il nous a aussi « donné de bien mauvaises habitudes. Il a sanctifié l'égoïsme. En bénissant le succès personnel, comme l'élément unique et nécessaire du bien-être général, il a détruit la notion du devoir social ». La route était alors ouverte pour de nouvelles théories, celles de John Maynard Keynes en particulier, qui a réhabilité l'intervention publique et la régulation, alors que le protectionnisme gagnait dans la plupart des pays. Le monde développé a vécu sur ces thèses jusqu'à la fin des années 1970, lorsque la crise de « stagflation » a provoqué l'exhumation du libéralisme. La liberté économique a été tuée par une crise et ressuscitée par la suivante. Il est mis en cause une nouvelle fois aujourd'hui, alors qu'on pourrait reprendre à la lettre les déclarations d'Auguste Detœuf sur ses immenses dividendes et ses faiblesses inéluctables.

Les alternances du cycle politique épousent celles de l'idéologie économique, et il n'y a aucun mystère à cela : lors des périodes de paix et de prospérité, la démocratie prospère et se fortifie, parce que les individus se voient des perspectives prometteuses, alors qu'elle s'affaiblit en cas de guerre, de tensions ou de crise. Dans *The Moral Consequences Of Economic Growth*, Benjamin Friedman a mis en évidence le lien existant entre croissance et démocratie, en pointant les intermittences de la liberté politique dans les pays développés, y compris dans la plus vieille démocratie du monde comme les Etats-Unis.

Voilà la morale de l'histoire, ou plutôt celle de l'Histoire : rien n'est jamais acquis. Ni nos valeurs fondamentales, qui sont parfois oblitérées par le jugement des hommes, lorsqu'ils sont étreints par la peur, la misère ou la rancune. Ni la démocratie, qui fonctionne de façon intermittente, parce qu'elle n'est en rien le mode de gouvernement naturel de l'*Homo sapiens*. Modernité et technologie ne nous protègent ni des crises, ni des régressions. Celui qui le croirait serait victime d'une illusion, celle qui conduisit Henry de Jouvenel à proposer, devant la Société des Nations des années 20 que le brevet d'aviateur soit assorti du serment de n'utiliser les aéronefs qu'à des fins pacifiques. C'est à nous qu'il appartient de veiller à tout instant sur nos valeurs. Nulle technique, nul serment ne saurait nous relever de cette obligation. Car si rien n'est acquis, rien n'est jamais perdu. Très probablement, les hommes et les idées du renouveau sont là, tout près de nous, dissimulés dans le fracas du monde.

Notes

1

La finance : de la bulle au krach

1. *La Fin de l'histoire et le dernier homme*, Francis Fukuyama, Flammarion, 1992.

2. Princeton University Press, réédité plusieurs fois depuis.

3. Les éléments qui suivent reprennent largement un article de l'auteur paru le 23 septembre 1999 dans le numéro 605 du bimensuel *L'Expansion.*

4. Les télégrammes diplomatiques adressés au Quai d'Orsay par Paul Claudel ont été publiés en 1993 sous le titre *La Crise*, par les éditions Métailié Transition.

5. *La Crise du capitalisme américain*, Bertrand de Jouvenel, NRF, 1933.

6. *Ibid.*

7. Propos rapportés par l'auteur et Pascale-Marie Deschamps dans *L'Expansion*, 23 septembre-6 octobre 1999.

8. « La fin du libéralisme », conférence donnée par Auguste Detœuf devant le groupe X-crise, le 1er mai 1936, in *De la récurrence des crises économiques*, Economica, 1999.

9. *La Crise de 1929 et l'émergence américaine*, Isaac Joshua, PUF, 1999.

2

L'EUROPE : DE L'UNION À LA DÉSINTÉGRATION

1. *Histoire économique de la France entre les deux guerres*, Alfred Sauvy et Anita Hirsch, volumes 1 et 2, Economica, 1984.

2. *Le Voyageur du siècle*, Robert Laffont, 1979.

3. *Histoire économique de la France…, op. cit.*

4. *Le Voyageur du siècle, op. cit.*

5. *Ibid.*

6. « Crise de 1929 et politique internationale », in *Politique étrangère*, n° 3-4, 2000.

7. *Le Voyageur du siècle, op. cit.*

8. Rapporté par Olivier Dard dans *Les Années trente*, Livre de Poche références, 1999.

9. *Ibid.*

10. *Le Voyageur du siècle, op. cit.*

11. « La déflation Laval », Institut Euro 92.

12. *La France des années trente, tourments et perplexité*, Fayard, 1994.

13. *War of The World, History's Age of Hatred*, Penguin, 2006.

14. *La France des années trente…, op. cit.*

3
LA GÉOPOLITIQUE : DE L'ORDRE AU CHAOS

1. « Désordres aux sommets », *Enjeux-Les Echos*, François Heisbourg, janvier 2007.

2. *Ibid.*

3. « Power and Weakness », *Policy Review*, n° 113, Robert Kagan, www.uweb.ucsb.edu/~thartman/files/127/**Kagan**–Powerand Weakness.**pdf**

4. *L'Ensauvagement, le retour de la barbarie au XXe siècle*, Thérèse Delpech, Grasset, 2005.

5. *The Coming Conflict With China*, Knopf, 1997.

6. Cité par Niall Ferguson dans *War of The World*, Penguin, 2006.

7. *L'Ensauvagement, op. cit.*

8. « From Globalisation to Localization », www.morganstanley.com

9. Flash CDC-Ixis, 23 février 2006.

10. *Les Echos*, 30 janvier 2006.

11. « Rich Man, Poor Man », *The Economist*, 18 janvier 2006.

12. « From Globalisation of Localization », cité.

Table

collection tempus
Perrin

DÉJÀ PARU

210. *La vie mondaine sous le nazisme* – Fabrice d'Almeida.
211. *Comment naissent les révolutions.*
212. *Comprendre la Chine d'aujourd'hui* – Jean-Luc Domenach.
213. *Le second Empire* – Pierre Miquel.
214. *Les papes en Avignon* – Dominique Paladilhe.
215. *Jean Jaurès* – Jean-Pierre Rioux.
216. *La Rome des Flaviens* – Catherine Salles.
217. *6 juin 44* – Jean-Pierre Azéma, Philippe Burrin, Robert O. Paxton.
218. *Eugénie, la dernière impératrice* – Jean des Cars.
219. *L'homme Robespierre* – Max Gallo.
220. *Les Barbaresques* – Jacques Heers.
221. *L'élection présidentielle en France, 1958-2007* – Michel Winock.
222. *Histoire de la Légion étrangère* – Georges Blond.
223. *1000 ans de jeux Olympiques* – Moses I. Finley, H. W. Pleket.
224. *Quand les Alliés bombardaient la France* – Eddy Florentin.
225. *La crise des années 30 est devant nous* – François Lenglet.

À PARAÎTRE

Le royaume wisigoth d'Occitanie – Joël Schmidt.
Jeanne d'Arc – Colette Beaune.
L'épuration sauvage – Philippe Bourdrel.

Composition Nord Compo
Villeneuve-d'Ascq
Impression réalisée sur Presse Offset par

CPI
Brodard & Taupin

La Flèche (Sarthe), le 14-05-2008
pour le compte des Éditions Perrin
11, rue de Grenelle
Paris 7e
N° d'édition : 2405 – N° d'impression : 47514
Dépôt légal : mai 2008
Imprimé en France